英単語・熟語 — 1

中学英語
サンシャイン
完全準拠

SUNSHINE
ENGLISH
COURSE

開隆堂

はじめに

この本は，みなさんが使っている開隆堂版中学校英語教科書 SUNSHINE ENGLISH COURSE の内容に沿って作られており，教科書に出てくる順番通りに単語と熟語が掲載されています。

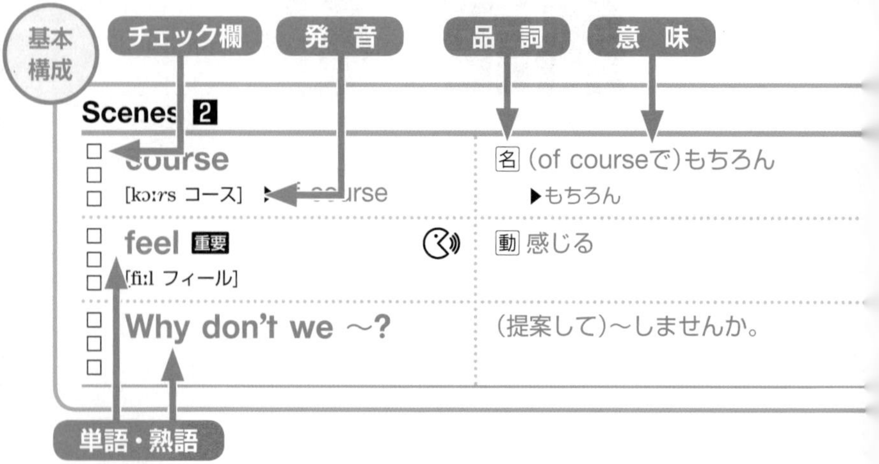

- **太字の単語・熟語**：教科書の傍注や脚注に取り上げられている単語や熟語です（人名や短縮形など一部の単語はのせていません）。
- **細字の単語**：すでに学習していますが，違う意味で使われている単語です。教科書の傍注や脚注には取り上げられていないので注意しましょう。
- **重要のついた単語**：教科書で学ぶ単語のうち特に重要な単語を示します。しっかり覚えて使えるようにしましょう。
- **その他の語句**：人名や地名などの固有名詞や間投詞です。

※教科書の各 PROGRAM の扉ページ（最初のページ）で学ぶ語句は，それぞれの Scenes 1の最初にのせています。

✎＝つづり注意　　発音記号マーク＝発音注意

●**品詞**　単語の文中でのはたらきを示す品詞は，次の記号で示してあります。

名＝名詞	代＝代名詞	動＝動詞	助＝助動詞	冠＝冠詞
形＝形容詞	副＝副詞	前＝前置詞	接＝接続詞	間＝間投詞

●暗記用赤フィルターの使い方

付属のフィルターを赤色の文字の部分にのせると，文字が見えなくなります。赤色の単語は(　　)に入っているので，(　　)の数がヒントになります。

通学の途中や休み時間などの空き時間を利用して，効率よく暗記をしましょう。

例文の日本語訳

教科書ページ

教科書p.96 ~ p.97

◆ *A:* Are you really studying, Ben? − *B:* (**Of**) (**course**).

A: あなたはほんとうに勉強しているところですか，ベン。 − *B:* もちろんです。

◆ Oh, I'm (**feeling**) good.

ああ，私は気分がいいです。

◆ (**Why**) (**don't**) (**we**) play tennis in the park?

公園でテニスをしませんか。

例　文

- 原則として，1つの単語や熟語に1つの例文をのせています(PROGRAM 0，Get Ready の単語や熟語には例文はのせていません)。
- PROGRAM 0，Get Ready には理解を深めるためのミニコラムをのせています。

◆：教科書に出てきた文や，教科書に出てきた文とほぼ同じ文です(Listen や Power-Up などのリスニングの英文も含まれています)。

◇：教科書に出てきた文とは異なる例文です。

QR コード：各 PROGRAM の最初のページにのせています。スマートフォンやタブレットで読み取り，単語の読み方を確認しましょう。

テスト直前チェック：各 PROGRAM の区切りに設けています。見開きの一覧で，覚えたもの，覚えていないものが一目で確認できます。テスト前に活用しましょう。

イラストコラム：あるテーマに関するいろいろな単語をイラストを使って示しています。ほかの語と関連づけながら覚えられるので，単語力アップに役立ちます。

特　集：これまでに学習した内容を，表を用いてまとめています。まとめて覚えることで，学習した内容の総復習ができます。

目 次

Word Web

テスト直前チェック

イラストコラム

特　集

Get Ready 2

□□□ **Ms.** 重要 [miz ミズ]	名 ～さん，～先生（女性に対する敬称）
□□□ **ómelet** [ámәlit アムリト]	名 オムレツ

その他の語句 ・the Gréat Wáll [ðə gréit wɔ́ːl ザ グレイト ウォール]
万里の長城（中国にある城壁の世界遺産）
・the Státue of Líberty [ðə stǽtʃuː əv líbərti ザ スタチュー アブ リバティ]
自由の女神像（アメリカのニューヨークにある像）

Get Ready 3

□□□ **lísten** 重要 [lísn リスン] ▶listen to ～	動 聞く ▶～を聞く，～に耳を傾ける

Get Ready 4

□□□ **bráss bánd** [brǽs bǽnd ブラス バンド]	名 吹奏楽部，ブラスバンド
□□□ **togéther** 重要 [təgéðər トゲザ]	副 いっしょに
□□□ **too** 重要 [tuː トゥー]	副 ～もまた
□□□ **use** 重要 [juːz ユーズ]	動 使う
□□□ **cíty** 重要 [síti スィティ]	名 市，都市，都会
□□□ **pool** [puːl プール]	名 プール

教科書p.10 ~ p.11

☐☐☐ **beefsteak** [bíːfsteik **ビ**ーフステイク]
名 ビーフステーキ

● beef は「牛肉」という意味です。「鶏肉」は chicken，「豚肉」は pork と言います。また，動物の「ウシ」は cow と言います。

・the Rio Carnival [ðə ríːou kɑ́rnəvəl ザ **リ**ーオウ **カ**ーニヴァル]
リオのカーニバル（ブラジルのリオデジャネイロの祭り）

・the Colosseum [ðə kɑləsíːəm ザ カロ**スィ**ーアム]
コロッセオ（イタリアにある古代ローマの遺跡）

教科書p.12 ~ p.13

● to は「～に」など，方向を表す単語です。「～を聞く」と聞く対象を表すときは to を使います。

教科書p.14 ~ p.15

☐☐☐ **dolphin** phに注意 [dɑ́lfin **ダ**ルフィン]
名 イルカ

☐☐☐ **dribble** bbに注意 [dríbl ド**リ**ブル]
動 ドリブルをする

☐☐☐ **shoot** [ʃuːt シュート]
動 ～（ボール）をシュートする

☐☐☐ **trumpet** [trʌ́mpit ト**ラ**ンピト]
名 トランペット

☐☐☐ **flute** [fluːt フルート]
名 フルート

☐☐☐ **clarinet** [klærənét クラリ**ネ**ト]
名 クラリネット

□□□	**know** 重要 [nou ノウ] ✎ kに注意	動 知る，知っている，わかる

その他の語句 ・*SLÂM DÚNK* [slǽm dʌ́ŋk スラム　ダンク] スラムダンク(マンガのタイトル)

PROGRAM 0

PROGRAM 0 1

□□□	**ant** [ǽnt アント]	名 アリ
□□□	**ápron** [éiprən **エ**イプロン]	名 エプロン
□□□	**clock** 重要 [klɑk クラク]	名 時計(置時計や壁掛け時計など)
□□□	**élevator** [éləveitər **エ**レヴェイタ]	名 エレベーター
□□□	**eráser** [iréisər イ**レ**イサ] ✎ erに注意	名 消しゴム
□□□	**goal** [goul ゴウル]	名 ゴール
□□□	**hélmet** [hélmit **ヘ**ルミト]	名 ヘルメット
□□□	**ídol** [áidl **ア**イドル]	名 アイドル
□□□	**jácket** [dʒǽkit **チ**ャキト]	名 ジャケット，上着

●会話の中で「知ってるよ。」と言うときは I know. で表せます。I know. は相手の言ったことに対して「わかるよ。」と同意や共感を表すこともできる表現です。

教科書p.16～p.17

□□□ **kéttle** [kétl **ケ**トル]	名 やかん
□□□ **net** [net ネト]	名（テニス・バドミントンなどの）ネット
□□□ **ÓḰ** 重要 [óukéi **オ**ウ**ケ**イ]	副 元気で，はい
□□□ **quéstion** 重要 [kwéstʃən ク**ウェ**スチョン]	名 質問
□□□ **roof** [ruːf ルーフ]	名 屋根
□□□ **úniform** 重要 [júːnəfɔːrm **ユ**ーニフォーム]	名 制服，ユニフォーム
□□□ **wíndow** 重要 [wíndou **ウィ**ンドウ]	名 窓
□□□ **yard** [jɑːrd ヤード]	名 庭

● jacket は上半身をおおう丈の上着を指すことが多いです。一方，coat「コート」は短いものも，下半身までおおう長い上着のことも表すことができます。

PROGRAM 0 2

□□□ **ox** [ɑks アクス]	名 雄牛
□□□ **fox** [fɑks ファクス]	名 キツネ
□□□ **pin** [pin ピン]	名 ピン，留め針
□□□ **spin** [spin スピン]	動 回転する

PROGRAM 0 3−1

□□□ **rain** 重要 [rein レイン]	名 雨
□□□ **lip** [lip リプ]	名 くちびる

PROGRAM 0 3−2

□□□ **rûby** [rúːbi **ル**ービ]	名 ルビー
□□□ **fresh** [freʃ フレシュ]	形 新鮮な
□□□ **Thank you.**	ありがとう。

その他の語句 ・Lôndon [lʌ́ndən **ラ**ンドン] ロンドン（イギリスの首都）

教科書p.18

□□□ **chat** [tʃæt チャト]	動 おしゃべりをする
□□□ **hear** 重要 [hiər ヒア]	動 聞く，聞こえる
□□□ **clear** [kliər クリア]	形 澄んだ

●spin off には「副産物として生む」という意味があります。そのため，ドラマや映画などの「番外」のことをスピンオフと言うのです。

教科書p.18

□□□ **van** [væn ヴァン]	名 小型トラック，ワゴン車

●化粧品の「口紅」は英語で lipstick と言います。stick は「棒状のもの」という意味を表します。

教科書p.19

□□□ **Mr.** 重要 [místər ミスタ]	名 ～さん，～先生(男性に対する敬称)
□□□ **they** 重要 [ðei ゼイ]	代 彼ら[彼女ら，それら]は[が]
□□□ **point** 重要 [pɔint ポイント]	名 点数，得点

テスト直前チェック GR・⓪

Get Ready

☑ **Ms.**	～さん，～先生(女性に対する敬称)
☑ omelet	オムレツ
☑ beefsteak	ビーフステーキ
☑ **listen**	聞く
☑ listen to ～	～を聞く，～に耳を傾ける
☑ brass band	吹奏楽部，ブラスバンド
☑ **together**	いっしょに
☑ **too**	～もまた
☑ **use**	使う
☑ **city**	市，都市，都会
☑ pool	プール
☑ dolphin	イルカ
☑ **know**	知る，知っている，わかる
☑ dribble	ドリブルをする
☑ shoot	～(ボール)をシュートする
☑ trumpet	トランペット
☑ flute	フルート
☑ clarinet	クラリネット

PROGRAM ⓿

☑ ant	アリ
☑ apron	エプロン
☑ **clock**	時計(置時計や壁掛け時計など)
☑ elevator	エレベーター
☑ eraser	消しゴム
☑ goal	ゴール
☑ helmet	ヘルメット
☑ idol	アイドル
☑ jacket	ジャケット，上着
☑ kettle	やかん
☑ net	(テニス・バドミントンなどの)ネット
☑ **OK**	元気で，はい
☑ **question**	質問
☑ roof	屋根
☑ **uniform**	制服，ユニフォーム
☑ **window**	窓
☑ yard	庭
☑ ox	雄牛
☑ fox	キツネ
☑ pin	ピン，留め針

☑ chat	おしゃべりをする
☑ spin	回転する
☑ **hear**	聞く，聞こえる
☑ clear	澄んだ
☑ **rain**	雨
☑ lip	くちびる
☑ van	小型トラック，ワゴン車
☑ ruby	ルビー
☑ fresh	新鮮な
☑ Thank you.	ありがとう。
☑ **Mr.**	～さん，～先生(男性に対する敬称)
☑ **they**	彼ら[彼女ら，それら]は[が]
☑ **point**	点数，得点

PROGRAM 1

友だちを作ろう

Scenes 1

□□□	**oh** 重要 [ou オウ]	間 まあ，おお，ああ
□□□	**student** 重要 [stjúːdnt ス**チュ**ードント]	名 生徒，学生
□□□	**shy** [ʃai シャイ]	形 恥ずかしがりの
□□□	**firefighter** [fáiərfaitər **ファ**イアファイタ]	名 消防士
□□□	**friendly** [fréndli フ**レ**ンドリ]	形 親しみやすい

Scenes 2

□□□	**pardon** [páːrdn **パ**ードン]　▶Pardon me?	動 許す ▶すみません。
□□□	**be from ～**	～の出身である

その他の語句
・the U.S. [ðə júːés ザ　**ユーエ**ス]
　アメリカ合衆国 = U.S.A.(the United States of America)
・Michael Jackson [máikəl dʒǽksn **マ**イケル　**チャ**クスン]
　マイケル・ジャクソン(人名)(アメリカのミュージシャン，1958年－2009年)

Think 1

□□□	**just** 重要 [dʒʌst ヂャスト]	副 ちょうど，まさに
□□□	**talk** 重要 [tɔːk トーク]	動 話す

教科書p.22 ~ p.23

◆ (Oh), you are Ami.
ああ，あなたが亜美ですね。

◆ I'm a junior high school (student).
私は中学生です。

◆ I'm (shy) at school.
私は学校では恥ずかしがり屋です。

◆ I'm a (firefighter).
私は消防士です。

◆ I'm (friendly).
私は親しみやすいです。

教科書p.22 ~ p.23

◆ *A:* I'm Shiori. − *B:* (Pardon) (me)? Are you Sherry?
A: 私は詩織です。 − *B:* すみません。あなたはシェリーですか。

◆ (I'm) (from) New Zealand.
私はニュージーランドの出身です。

・New Zéaland [nju: zí:lənd ニュー **ズィ**ーランド] ニュージーランド
・Jóhn Lénnon [dʒán lénən **チャ**ン **レ**ノン]
ジョン・レノン(人名)(イギリスのミュージシャン，1940年－1980年)

教科書p.24

◆ You're (just) like me.
あなたはまさに私と同じですね。

◇ Let's (talk) about music.
音楽について話しましょう。

□□□ **Nice to meet you.**	（初対面の人に）お会いできてうれしいです。
□□□ **Thanks for ～.**	～をありがとう。

Think 2

□□□ **really** 重要 [ríːəli **リ**ーアリ]	副 ほんとうに
□□□ **helpful** [hélpfəl **ヘ**ルプフル]	形 役に立つ
□□□ **problem** 重要 [prάbləm プ**ラ**ブレム] ▶No problem.	名 問題 ▶どういたしまして。問題ありません。
□□□ **want to ～**	～したい

Interact

□□□ **king** [kiŋ キング]	名 王
□□□ **prince** [prins プリンス]	名 王子
□□□ **princess** [prínsis プ**リ**ンスィス]	名 王女
□□□ **fairy** [féəri **フェ**アリ]	名 妖精
□□□ **of** 重要 [ɑv, əv アブ]	前 ～の
□□□ **beast** [biːst ビースト]	名 けもの

◆ (Nice) (to) (meet) (you) too.
こちらこそ，お会いできてうれしいです。

◆ (Thanks) (for) talking.
話してくれてありがとう。

教科書p.25

◇ *A:* I'm in 1–B. — *B:* Oh, (really)? Me too.
A: 私は1年B組です。 — *B:* ああ，ほんとうですか。私もです。

◆ You're so (helpful).
あなたはとても助かります。

◇ *A:* You are very kind. Thank you. — *B:* (No) (problem).
A: あなたはとても親切です。ありがとう。 — *B:* どういたしまして。

◆ I (want) (to) go to the gym.
私は体育館に行きたいです。

教科書p.26

◆ I'm a (king).
私は王です。

◇ I want to be a (prince).
私は王子になりたいです。

◇ Are you a (princess)?
あなたは王女ですか。

◇ I want to meet a (fairy).
私は妖精に会いたいです。

◇ I'm a member (of) the table tennis team.
私は卓球部の一員です。

◇ A tiger is a (beast).
トラはけものです。

□□□	**an** 重要 [ən アン]	冠 1つの，1人の
□□□	**angel** [éindʒəl **エ**インヂェル]	名 天使
□□□	**superman** [súːpərmæn **スー**パマン]	名 超人，スーパーマン
□□□	**fan** 重要 [fæn ファン]	名 ファン，熱烈な支持者
□□□	**active** [ǽktiv **ア**クティヴ]	形 活発な
□□□	**cheerful** [tʃíərfəl **チ**アフル]	形 明るい，元気のよい
□□□	**careful** [kéərfəl **ケ**アフル]	形 注意深い
□□□	**honest** hに注意 [ánist **ア**ニスト]	形 正直な
□□□	**polite** [pəláit ポ**ラ**イト]	形 ていねいな，礼儀正しい
□□□	**smart** [smɑːrt スマート]	形 かしこい，頭の切れる
□□□	**funny** [fʌ́ni **ファ**ニ]	形 おかしな
□□□	**serious** [síəriəs **スィ**アリアス]	形 まじめな
□□□	**quiet** uiに注意 [kwáiət ク**ワ**イエト]	形 静かな，おとなしい

1

◇ I have (an) umbrella.
私はかさを持っています。

◇ You're like an (angel).
あなたは天使のようです。

◇ You're a (superman).
あなたはスーパーマンです。

◆ I'm a baseball (fan).
私は野球のファンです。

◇ You're (active).
あなたは活発ですね。

◇ I'm (cheerful).
私は明るいです。

◇ I'm not (careful).
私は注意深くありません。

◇ I'm (honest).
私は正直です。

◇ You're always (polite).
あなたはいつも礼儀正しいです。

◇ You're (smart).
あなたはかしこいです。

◇ I'm not (funny).
私はおもしろい人ではありません。

◇ You are (serious).
あなたはまじめですね。

◇ I'm (quiet) in the library.
私は図書館では静かにします。

Word Web ① 数の言い方(númber)

新出単語

□□□	**númber** 重要 [nʌ́mbər ナンバ]	名 数字，番号
□□□	**zéro** 重要 [zíərou ズィアロウ]	名 形 ゼロ(の)
□□□	**dóllar** 重要 [dálər ダラ]	名 ドル(アメリカ，カナダ，オーストラリア，ニュージーランドなどの貨幣単位)

0	zéro
1	one
2	two
3	three
4	four
5	five
6	six
7	seven
8	eight → 発音しないghのつづりに注意
9	nine
10	ten

11	eleven
12	twelve
13	thirteen
14	fourteen
15	fifteen
16	sixteen
17	seventeen
18	eighteen
19	nineteen
20	twenty → 20以降はtyがつく

13以降はteenがつく

□□□	**thousand** 重要 [θáuzənd **サ**ウザンド]	名 形 1,000(の)
□□□	**phone** 重要 [foun フォウン]	名 電話

21	twenty-one
	⋮
30	thirty
40	forty
50	fifty
60	sixty
70	seventy
80	eighty
90	ninety
99	ninety-nine

21以降はハイフン(-)で1の位の数を続ける

tyの前のつづりに注意

100	one hundred
101	one hundred (and) one
122	one hundred (and) twenty-two
200	two hundred hundredsにならない
999	nine hundred (and) ninety-nine
1,000	one thousand
10,000	ten thousand

ここにthousandを入れて読む
10個の1000でten thousand

テスト直前チェック ①

PROGRAM 1	
⧄ **oh**	まあ，おお，ああ
⧄ **student**	生徒，学生
⧄ shy	恥ずかしがりの
⧄ firefighter	消防士
⧄ friendly	親しみやすい
⧄ pardon	許す
⧄ Pardon me?	すみません。
⧄ be from ～	～の出身である
⧄ **just**	ちょうど，まさに
⧄ **talk**	話す
⧄ Nice to meet you.	(初対面の人に)お会いできてうれしいです。
⧄ Thanks for ～.	～をありがとう。
⧄ **really**	ほんとうに
⧄ helpful	役に立つ
⧄ **problem**	問題
⧄ No problem.	どういたしまして。問題ありません。
⧄ want to ～	～したい
⧄ king	王
⧄ prince	王子
⧄ princess	王女
⧄ fairy	妖精
⧄ **of**	～の
⧄ beast	けもの
⧄ **an**	１つの，１人の
⧄ angel	天使
⧄ superman	超人，スーパーマン
⧄ **fan**	ファン，熱烈な支持者
⧄ active	活発な
⧄ cheerful	明るい，元気のよい
⧄ careful	注意深い
⧄ honest	正直な
⧄ polite	ていねいな，礼儀正しい
⧄ smart	かしこい，頭の切れる
⧄ funny	おかしな
⧄ serious	まじめな
⧄ quiet	静かな，おとなしい

Word Web ❶	
⧄ **number**	数字，番号
⧄ **zero**	ゼロ(の)

⧄ **dollar**	ドル(アメリカ，カナダ，オーストラリア，ニュージーランドなどの貨幣単位)
⧄ **thousand**	1,000(の)
⧄ **phone**	電話
⧄ **one**	1(の)
⧄ **two**	2(の)
⧄ **three**	3(の)
⧄ **four**	4(の)
⧄ **five**	5(の)
⧄ **six**	6(の)
⧄ **seven**	7(の)
⧄ **eight**	8(の)
⧄ **nine**	9(の)
⧄ **ten**	10(の)
⧄ **eleven**	11(の)
⧄ **twelve**	12(の)
⧄ **thirteen**	13(の)
⧄ **fourteen**	14(の)
⧄ **fifteen**	15(の)
⧄ **sixteen**	16(の)
⧄ **seventeen**	17(の)

⧄ **eighteen**	18(の)
⧄ **nineteen**	19(の)
⧄ **twenty**	20(の)
⧄ twenty-one	21(の)
⧄ **thirty**	30(の)
⧄ **forty**	40(の)
⧄ **fifty**	50(の)
⧄ **sixty**	60(の)
⧄ **seventy**	70(の)
⧄ **eighty**	80(の)
⧄ **ninety**	90(の)
⧄ ninety-nine	99(の)
⧄ **one-hundred**	100(の)
⧄ one hundred (and) one	101(の)
⧄ one hundred (and) twenty-two	122(の)
⧄ two hundred	200(の)
⧄ nine hundred (and) ninety-nine	999(の)
⧄ ten thousand	10,000(の)

PROGRAM 2

1−Bの生徒たち

Scenes 1

□ **snack** ckに注意 [snæk スナク]	名 軽食，おやつ
□ **every** 重要 [évri **エ**ヴリ] ▶every day	形 毎〜，〜ごとに ▶毎日
□ **bike** 重要 [baik バイク]	名 自転車
□ **after** 重要 [ǽftər **ア**フタ] ▶after school	前 〜のあとに[で] ▶放課後
□ **grow** 重要 [grou グロウ]	動 栽培する，育てる

Scenes 2

□ **often** 重要 tに注意 [ɔ́ːfən **オー**フン]	副 しばしば
□ **climb** bに注意 [klaim クライム]	動 登る
□ **weekend** 重要 [wíːkend **ウィー**ケンド]	名 週末
□ **before** 重要 [bifɔ́ːr ビ**フォー**]	前 (時を表して)〜より前に
□ **dinner** 重要 nnに注意 [dínər **ディ**ナ]	名 夕食

Think 1

□ **draw** [drɔː ドロー]	動 (絵を)描く

教科書p.30 ~ p.31

◆ I have an apple for a (snack).
おやつにリンゴが1個あります。

◆ I walk my dog (every) (day).
私は毎日イヌを散歩させます。

◆ I ride my (bike) after school.
私は放課後に自転車に乗ります。

◇ I play soccer (after) (school).
私は放課後にサッカーをします。

◆ I (grow) many flowers.
私はたくさんの花を育てています。

教科書p.30 ~ p.31

◇ I (often) go to the park.
私はしばしば公園へ行きます。

◆ Do you often (climb) mountains?
あなたはしばしば山に登りますか。

◇ *A:* When do you play baseball? — *B:* On (weekends).
A: あなたはいつ野球をしますか。 — *B:* 週末です。

◇ I usually eat dinner (before) seven.
私はふつう，7時より前に夕食を食べます。

◇ I do my homework before (dinner).
私は夕食前に宿題をします。

教科書p.32

◆ I (draw) pictures every day.
私は毎日絵を描きます。

☐☐☐ **picture** 重要 [píktʃər ピクチャ]	名 絵，写真
☐☐☐ **wow** 重要 [wau ワウ]	間 うわー
☐☐☐ **flip** [flip フリプ]	名 (本などを)パラパラめくること
☐☐☐ **look at ～**	～(のほう)を見る

Think 2

☐☐☐ **sure** 重要 [ʃuər シュア]	副 (Sure.で)いいですよ。[はい。]
☐☐☐ **during** 重要 [djúəriŋ デュアリング]	前 ～の間に
☐☐☐ **break** 重要 [breik ブレイク]	名 休憩
☐☐☐ **tomorrow** 重要 rrに注意 [təmɔ́ːrou トモーロウ]	副 明日(は)
☐☐☐ **very much**	とても，非常に
☐☐☐ **Yes, let's.**	そうしましょう。

Interact

☐☐☐ **video game** [vídiou geim ヴィディオウ　ゲイム]	名 テレビゲーム
☐☐☐ **night** 重要 [nait ナイト]　▶at night	名 夜 ▶夜は[に]

◇ I have two (pictures) of that singer.
私はその歌手の写真を２枚持っています。

◇ (Wow), you are great!
うわー，あなたはすごいですね。

◆ I like your (flip) books.
私はあなたのパラパラマンガが好きです。

◆ (Look) (at) my notebooks!
私のノートを見てください。

2

教科書p.33

◆ *A:* Emily, I have a question for you. ― *B:* (Sure).
A: エミリー，私はあなたに質問があります。 ― *B:* いいですよ。

◆ *A:* When do you play basketball? ― *B:* (During) lunch break.
A: あなたはいつバスケットボールをしますか。 ― *B:* 昼休みの間にです。

◇ I want to take a (break).
私は休憩したいです。

◇ Let's play basketball together (tomorrow).
明日いっしょにバスケットボールをしましょう。

◆ I like basketball (very) (much).
私はバスケットボールがとても好きです。

◇ *A:* Let's eat breakfast. ― *B:* (Yes), (let's).
A: 朝食を食べましょう。 ― *B:* そうしましょう。

教科書p.34

◇ Do you play (video) (games) every day?
あなたは毎日，テレビゲームをしますか。

◇ I study science (at) (night).
私は夜，理科を勉強します。

□ □ □	**How about ～?**	～はどうですか。
□ □ □	**take a bath**	ふろに入る
□ □ □	**go shopping**	買い物に行く
□ □ □	**in the morning**	午前(中)に
□ □ □	**in the afternoon**	午後に

Word Web 2 曜日と天気の言い方

曜日と天気を表す語を覚えよう！

新出単語

□ □ □	**week** 重要 [wi:k ウィーク]	名 週

→曜日は必ず大文字で始める

→dを忘れない！

Sunday 日曜日	Monday 月曜日	Tuesday 火曜日	Wednesday 水曜日

sunny	cloudy	rainy	cloudy

◇ I like arts and crafts.　(How) (about) you?
私は図画工作が好きです。あなたはどうですか。

◇ I (take) (a) (bath) after dinner.
私は夕食のあとに，おふろに入ります。

◇ I often (go) (shopping) on weekends.
私は週末に，しばしば買い物に行きます。

◇ I clean my room (in) (the) (morning).
私は午前中に，自分の部屋を掃除します。

◇ Let's play volleyball (in) (the) (afternoon).
午後にバレーボールをしましょう。

教科書p.36

□□□ **todáy** 重要 [tədéi トゥデイ]	副 今日(は)

Thursday 木曜日	Friday 金曜日	Saturday 土曜日

windy	rainy	sunny

アクションコーナー

□□□	**close** 重要 [klouz クロウズ]	動 閉じる，閉める
□□□	**some** 重要 [sʌm, səm サム]	形 いくらかの，いくつかの
□□□	**ópen** 重要 [óupən **オ**ウプン]	動 開ける，開く
□□□	**song** 重要 [sɔːŋ ソーング]	名 歌
□□□	**touch** [tʌtʃ タチ]	動 さわる
□□□	**write** 重要 [rait ライト]	動 書く

日常の動作を表す語句

wash your face
顔を洗う

eat breakfast
朝食を食べる

drink some tea
お茶を飲む

open your book
本を開く

read a book
本を読む

close your book
本を閉じる

教科書p.38

◆ (Close) your book.
本を閉じてください。

◇ I want to drink (some) tea.
私はいくらかお茶を飲みたいです。

◇ (Open) the window.
窓を開けてください。

◇ Don't sing a (song) at night.
夜に歌を歌わないでください。

◆ (Touch) your desk.
机にさわりなさい。

◇ Please (write) your phone number for me.
私にあなたの電話番号を書いてください。

use a computer
コンピュータを使う

study English
英語を勉強する

clean your room
部屋を掃除する

watch TV
テレビを見る

cook dinner
夕食を料理する

take a bath
ふろに入る

テスト直前チェック ②

PROGRAM 2

⧄ snack	軽食，おやつ
⧄ **every**	毎～，～ごとに
⧄ every day	毎日
⧄ **bike**	自転車
⧄ **after**	～のあとに[で]
⧄ after school	放課後
⧄ **grow**	栽培する，育てる
⧄ **often**	しばしば
⧄ climb	登る
⧄ **weekend**	週末
⧄ **before**	(時を表して)～より前に
⧄ **dinner**	夕食
⧄ draw	(絵を)描く
⧄ **picture**	絵，写真
⧄ **wow**	うわー
⧄ flip	(本などを)パラパラめくること
⧄ look at ～	～(のほう)を見る
⧄ **sure**	(Sure. で)いいですよ。[はい。]
⧄ **during**	～の間に
⧄ **break**	休憩
⧄ **tomorrow**	明日(は)
⧄ very much	とても，非常に
⧄ Yes, let's.	そうしましょう。
⧄ video game	テレビゲーム
⧄ **night**	夜
⧄ at night	夜は[に]
⧄ How about ～?	～はどうですか。
⧄ take a bath	ふろに入る
⧄ go shopping	買い物に行く
⧄ in the morning	午前(中)に
⧄ in the afternoon	午後に

Word Web ❷

⧄ **week**	週
⧄ **today**	今日
⧄ **Sunday**	日曜日
⧄ **Monday**	月曜日
⧄ **Tuesday**	火曜日
⧄ **Wednesday**	水曜日
⧄ **Thursday**	木曜日
⧄ **Friday**	金曜日
⧄ **Saturday**	土曜日
⧄ **sunny**	晴れの

⧄ **cloudy**	くもりの
⧄ **rainy**	雨の

アクションコーナー	
⧄ **close**	閉じる，閉める
⧄ **some**	いくらかの，いくつかの
⧄ **open**	開ける，開く
⧄ **song**	歌
⧄ touch	さわる
⧄ **write**	書く

PROGRAM 3 タレントショーを開こう

Scenes 1

□□□	**then** 重要 [ðen ゼン]	副 それでは，それなら
□□□	**roll** [roul ロウル]	名 巻いたもの
□□□	**ski** [skiː スキー]	動 スキーをする
□□□	**kilómeter** 重要 [kilámətər キラミタ]	名 キロメートル
□□□	**úncle** [ʌ́ŋkl アンクル]	名 おじ
□□□	**aunt** [ænt アント]	名 おば
□□□	**cóusin** [kʌ́zn カズン] ouに注意	名 いとこ

その他の語句 ・Chinése [tʃainíːz チャイニーズ] 中国語[人]

Scenes 2

□□□	**skate** [skeit スケイト]	動 スケートをする
□□□	**guitár** 重要 [gitáːr ギター] uiに注意	名 ギター
□□□	**ány** 重要 [éni エニ]	形 (疑問文で)何か，いくつか

教科書p.40 ～ p.41

◆ (**Then**) I can make *natto* rolls for you.
それなら私はあなたのために納豆巻きを作ることができます。

◇ I want to eat *natto* (**rolls**) for lunch.
私は昼食に，納豆巻きを食べたいです。

◆ You can (**ski**) very well.
あなたはとてもじょうずにスキーをすることができます。

◆ I can swim two (**kilometers**).
私は2キロメートル泳ぐことができます。

◇ I sometimes go to the river with my (**uncle**).
私はときどき，おじといっしょに川に行きます。

◇ My (**aunt**) can make sandwiches well.
私のおばはじょうずにサンドイッチを作ることができます。

◇ Do you know my (**cousin**)?
あなたは私のいとこを知っていますか。

教科書p.40 ～ p.41

◇ Can you (**skate**)?
あなたはスケートをすることができますか。

◇ I practice the (**guitar**) on Mondays.
私は月曜日にギターを練習します。

◆ Can you see (**any**) animals?
何か動物が見えますか。

Think 1

□□□	**tálent** [tǽlənt タレント]	名 才能のある人，タレント
□□□	**show** 重要 [ʃou ショウ]	名 見せ物，番組，ショー
□□□	**perfórm** [pərfɔ́ːrm パフォーム]	動 行う，演じる
□□□	**with** 重要 [wið ウィズ]	前 ～といっしょに
□□□	**clássmate** 重要 [klǽsmeit クラスメイト]	名 級友，クラスメート
□□□	**have fun at ～**	～を楽しむ
□□□	**have a great time**	すばらしい時を過ごす

Think 2

□□□	**dáncer** （Cに注意） [dǽnsər ダンサ]	名 ダンサー

その他の語句 ・Américan [əmérikən アメリカン] アメリカ(人)の

Interact

□□□	**básilisk** [bǽsəlisk バスィリスク]	名 バシリスク(動物の名)
□□□	**their** 重要 [ðeər ゼア]	代 彼ら[彼女ら，それら]の

教科書p.42

◆ Let's have a (talent) show.
タレントショーを開きましょう。

◇ I want to watch a music (show).
私は音楽番組を見たいです。

◆ You can (perform) together.
あなたたちはいっしょに演じることができます。

◆ You can have a great time (with) your classmates.
あなたたちはクラスメートたちとすばらしい時を過ごせますね。

◇ I sometimes play tennis with my (classmates).
私はときどきクラスメートとテニスをします。

◆ Ken, let's practice hard and (have) (fun) (at) the show.
健，一生懸命練習して，ショーを楽しみましょう。

◇ (Have) (a) (great) (time) in Okinawa.
沖縄ですばらしい時を過ごしてください。

3

教科書p.43

◆ Do you know the Japanese (dancer), EBIKEN?
あなたは日本人のダンサーのエビケンを知っていますか。

教科書p.44

◆ (Basilisks) can walk on water.
バシリスクは水上を歩くことができます。

◇ Ken and Mao like (their) teacher.
健と真央は彼らの先生が好きです。

□ □ □	**octopus** [ɑ́ktəpəs **ア**クトパス]	名 タコ
□ □ □	**change** 重要 [tʃeindʒ チェインヂ]	動 変える
□ □ □	**koala** [kouɑ́ːlə コウ**アー**ラ]	名 コアラ
□ □ □	**catch** 重要 [kætʃ キャチ]	動 つかまえる
□ □ □	**robot** [róubət **ロ**ウボト]	名 ロボット
□ □ □	**keep** 重要 [kiːp キープ]	動 守る
□ □ □	**secret** [síːkrit **スィ**ークリト]	名 秘密
□ □ □	**from 〜 to ...**	〜から…へ[まで]

英語のしくみ

□ □ □	**cannot** 重要 [kǽnɑt **キャ**ナト]	助 〜できない(canの否定形。ふつうcan notと2語に分けては書かない。)

◇ (Octopuses) live in the sea.
タコは海に住んでいます。

◆ Octopuses can (change) their color.
タコは自分の色を変えることができます。

◆ (Koalas) can jump from tree to tree.
コアラは木から木へと跳ぶことができます。

◆ He can (catch) a ball.
彼はボールをつかまえることができます。

◇ I want to make a (robot).
私はロボットを作りたいです。

◆ My robot can (keep) my secrets.
私のロボットは私の秘密を守ることができます。

◇ I have many (secrets).
私にはたくさんの秘密があります。

◇ I practice baseball (from) Monday (to) Friday.
私は月曜日から金曜日まで野球を練習します。

教科書p.45

◆ I (cannot) cook steak.
私はステーキを料理することができません。

Steps 2 考えを整理し，表現しよう

□□□	**midfielder** [mídfiːldə*r* **ミ**ドフィールダ]	名 (サッカーで)中盤の選手，ミッドフィールダー
□□□	**everyone** 重要 [évriwʌn **エ**ヴリワン]	代 みなさん，だれも，みな
□□□	**love** 重要 [lʌv **ラ**ヴ]	動 大好きである，愛する

その他の語句 ・J-pop [dʒéipɑp **チェ**イパプ] ジェーポップ(日本人が作詞・作曲したポピュラー音楽の総称)

Our Project 1 あなたの知らない私

□□□	**her** 重要 [həː*r* ハー]	代 彼女の
□□□	**concert** [kɑ́nsə*r*t **カ**ンサト]	名 コンサート

教科書p.46

◆ I'm a (midfielder).
私はミッドフィールダーです。

◆ Hello, (everyone).
こんにちは，みなさん。

◆ I (love) soccer.
私はサッカーが大好きです。

教科書p.47 ~ p.51

◆ I go to (her) concerts with my father.
私は父といっしょに彼女のコンサートへ行きます。

◇ Do you want to go to the (concert) with me?
あなたは私といっしょにコンサートへ行きたいですか。

Power-Up 1

ハンバーガーショップへ行こう

□□□	**chéeseburger** [tʃíːzbəːrgər **チ**ーズバーガ]	名 チーズバーガー
□□□	**pie** [pai パイ]	名 パイ(肉や果物などを練り粉で包んで焼いた料理・菓子)
□□□	**large** 重要 [lɑːrdʒ ラーヂ]	形 大きい，広い
□□□	**gínger ále** [dʒíndʒər éil **チ**ンヂャ　**エ**イル]	名 ジンジャーエール(飲み物の名)
□□□	**cóla** [kóulə **コ**ウラ]	名 コーラ(飲み物の名)
□□□	**médium** [míːdiəm **ミ**ーディアム]	名 形 中間(の)
□□□	**size** 重要 [saiz サイズ]	名 大きさ，サイズ
□□□	**or** 重要 [ɔːr オー]	接 または，それとも，～か
□□□	**meal** [miːl ミール]	名 食事
□□□	**clerk** [kləːrk クラーク]	名 店員
□□□	**cent** [sent セント]	名 セント(アメリカ，カナダ，オーストラリア，ニュージーランドなどの貨幣単位)
□□□	**Can I ～?**	～してもよいですか。
□□□	**For here or to go?**	こちらでめしあがりますか，お持ち帰りになりますか。

教科書p.52

◆ Can I have a (cheeseburger)?
チーズバーガーをもらえますか。

◇ I sometimes eat an apple (pie) at my grandmother's house.
私はときどき祖母の家でアップルパイを食べます。

◇ I want a (large) French fries.
私はLサイズのフライドポテトがほしいです。

◆ We have three sizes for (ginger) (ale).
ジンジャーエールには3つのサイズがあります。

◇ You and I like (cola).
あなたと私はコーラが好きです。

◇ Can I have a (medium) orange juice?
Mサイズのオレンジジュースをもらえますか。

◇ Do you have a large (size)?
大きいサイズはありますか。

◇ Do you like dogs (or) cats?
あなたはイヌが好きですか，それともネコが好きですか。

◆ Enjoy your (meal).
食事を楽しんでください。

◇ My sister is a (clerk) at a hamburger shop.
私の姉はハンバーガー屋の店員です。

◆ Six dollars and seventy (cents), please.
６ドル70セントお願いします。

◇ (Can) (I) use your computer?
あなたのコンピュータを使ってもよいですか。

◆ Hi, (for) (here) (or) (to) (go)?
こんにちは，こちらでめしあがりますか，それともお持ち帰りになりますか。

☐☐☐	**How much ～?**	～はいくらですか。
☐☐☐	**Here you are.**	はい，どうぞ。

欧米のレストランでのルール

欧米のレストランでは，テーブルごとに担当してくれる人が決まっています。ふつう食事が終わったら，その人のサービスに対してチップ(tip)と呼ばれるお金を払います。チップの金額は国やお店によって異なりますが，多くは合計金額の 15 ～ 20%程度です。

◆ウェイター

How's everything? や How's your meal?
(お料理はいかがでしたか。)

◆お客さん

It's very nice.　Thank you.
(とてもおいしいです。ありがとうございます。)
Can I have water? (水をいただけますか。)
May I have soup? (スープをいただけますか。)

◆ (How) (much) is it?
おいくらですか。

◆ (Here) (you) (are).
はい，どうぞ。

テスト直前チェック ③

PROGRAM 3

☑ **then**	それでは，それなら
☑ roll	巻いたもの
☑ ski	スキーをする
☑ **kilometer**	キロメートル
☑ uncle	おじ
☑ aunt	おば
☑ cousin	いとこ
☑ skate	スケートをする
☑ **guitar**	ギター
☑ **any**	（疑問文で）何か，いくつか
☑ talent	才能のある人，タレント
☑ **show**	見せ物，番組，ショー
☑ perform	行う，演じる
☑ **with**	～といっしょに
☑ **classmate**	級友，クラスメート
☑ have fun at ～	～を楽しむ
☑ have a great time	すばらしい時を過ごす
☑ dancer	ダンサー
☑ basilisk	バシリスク（動物の名）
☑ **their**	彼ら[彼女ら，それら]の
☑ octopus	タコ
☑ **change**	変える
☑ koala	コアラ
☑ **catch**	つかまえる
☑ robot	ロボット
☑ **keep**	守る
☑ secret	秘密
☑ from ～ to ...	～から…へ[まで]
☑ **cannot**	～できない（canの否定形。）

Steps 2

☑ midfielder	（サッカーで）中盤の選手，ミッドフィールダー
☑ **everyone**	みなさん，だれも，みな
☑ **love**	大好きである，愛する

Our Project ❶

☑ **her**	彼女の
☑ concert	コンサート

Power-Up ❶

☑ cheeseburger	チーズバーガー
☑ pie	パイ
☑ **large**	大きい，広い
☑ ginger ale	ジンジャーエール（飲み物の名）
☑ cola	コーラ（飲み物の名）
☑ medium	中間（の）
☑ **size**	大きさ，サイズ
☑ **or**	または，それとも，〜か
☑ meal	食事
☑ clerk	店員
☑ cent	セント
☑ Can I 〜 ?	〜してもよいですか。
☑ For here or to go?	こちらでめしあがりますか，お持ち帰りになりますか。
☑ How much 〜 ?	〜はいくらですか。
☑ Here you are.	はい，どうぞ。

PROGRAM 4

Let's Enjoy Japanese Culture.

Scenes 1

□□□	**cúlture** 重要 [kʌ́ltʃər カルチャ]	名 文化
□□□	**bird** 重要 irに注意 [bəːrd バード]	名 鳥
□□□	**drone** [droun ドロウン]	名 ドローン
□□□	**sóap púmp** [sóup pʌ́mp ソウプ パンプ]	名 せっけんポンプ
□□□	**push** 重要 [puʃ プシュ]	動 押す
□□□	**páper knife** [péipər naif ペイパ ナイフ]	名 ペーパーナイフ
□□□	**hold** 重要 [hould ホウルド]	動 持つ，つかむ
□□□	**plug** [plʌg プラグ]	名 (コードの)プラグ，差し込み
□□□	**fínger** [fíŋgər フィンガ]	名 (手の)指
□□□	**hole** [houl ホウル]	名 穴
□□□	**just** [dʒʌst ヂャスト]	副 ほんの，ちょっと
□□□	**pull** [pul プル]	動 引く
□□□	**úseful** 重要 [júːsfəl ユースフル]	形 役に立つ

教科書p.53 ~ p.55

◆ Let's enjoy Japanese (**culture**).
日本文化を楽しみましょう。

◆ Is that a (**bird**)?
あれは鳥ですか。

◇ Can I see your (**drone**)?
あなたのドローンを見てもいいですか。

◆ It's a (**soap**) (**pump**).
それはせっけんポンプです。

◆ (**Push**) the cap.
ふたを押してください。

◆ Is this a (**paper**) (**knife**)?
これはペーパーナイフですか。

◆ You can (**hold**) it in your mouth.
口でそれを持つことができます。

◆ Is this a (**plug**)?
これはプラグですか。

◆ Put your (**finger**) in the hole and just pull it.
穴に指を入れてちょっと引っ張ってください。

◇ Look at the big (**hole**).
その大きな穴を見てください。

◇ Go to your room and (**just**) open the window.
あなたの部屋へ行って，窓をちょっと開けてください。

◇ Don't (**pull**) my jacket.
私の上着を引っ張らないでください。

◇ This book is very (**useful**).
この本はとても役に立ちます。

correction pen [kərékʃən pen コレクション　ペン]	名 修正ペン

Scenes 2

woman 重要 [wúmən ウマン]	名 女性，女の人
android [ǽndrɔid アンドロイド]	名 アンドロイド，人造人間
real [ríːəl リーアル]	形 本物の
person 重要 [pə́ːrsn パースン]	名 人，個人
smile 重要 [smail スマイル]	動 ほほえむ，笑う
with [wið ウィズ]	前 ～を持っている
towel [táuəl タウアル]	名 タオル
runner nnに注意 [rʌ́nər ラナ]	名 走者，ランナー
man 重要 [mæn マン]	名 男性，男の人
court [kɔːrt コート]	名 （テニスなどの）コート，中庭

Think 1

stick [stik スティク]	名 棒状の物

◇ Can I buy a (**correction**) (**pen**)?
修正ペンを買ってもいいですか。

教科書p.54 ~ p.55

◆ Who is that (**woman**)?
あの女の人はだれですか。

◆ She is an (**android**).
彼女はアンドロイドです。

◆ She is like a (**real**) person.
彼女は本物の人のようです。

◇ I don't know the (**person**).
私はその人を知りません。

◆ She can speak and (**smile**).
彼女は話すこともほほえむこともできます。

◇ The girl (**with**) a guitar is my cousin.
ギターを持った少女は私のいとこです。

◆ Can you see the girl with a (**towel**)?
タオルを持った女の子が見えますか。

◆ She is a very fast (**runner**) on the track and field team.
彼女は陸上部のとても速いランナーです。

◆ Do you know this (**man**)?
この男性を知っていますか。

◇ Where is the tennis (**court**)?
テニスコートはどこにありますか。

教科書p.56

◆ It's an ink (**stick**).
それは棒状のインク，墨《すみ》です。

□ □ □	**into** 重要 [íntuː, íntə **イ**ントゥ，**イ**ント]	前 ～の中へ[に]
□ □ □	**inkstone** [íŋkstoun **イ**ンクストウン]	名 すずり
□ □ □	then [ðen ゼン]	副 それから，そのうえ
□ □ □	**rub** [rʌb ラブ]	動 こする
□ □ □	**work** 重要 [wəːrk ワーク]	名 仕事
□ □ □	**save** 重要 [seiv セイヴ]	動 (時間などを)省く
□ □ □	**I see.**	なるほど。[そうですか。]

Think 2

□ □ □	**type** [taip タイプ]	名 型，類，タイプ
□ □ □	**reading card** [ríːdiŋ kaːrd **リ**ーディング　カード]	名 読みふだ
□ □ □	**grabbing card** [grǽbiŋ kaːrd グ**ラ**ビング　カード]	名 取りふだ
□ □ □	**poet** [póuit **ポ**ウイト]	名 歌人，詩人

Interact

□ □ □	**lion** 重要 [láiən **ラ**イオン]	名 ライオン

◆ First, put water (**into**) your inkstone.
まず，すずりに水を入れます。

◇ My (**inkstone**) is old.
私のすずりは古いです。

◇ (**Then**), look at this picture.
それからこの写真を見てください。

◆ Then, (**rub**) the ink stick on the inkstone.
それから，墨をすずりの上でこすります。

◆ That's hard (**work**).
それは大変な仕事です。

◆ It can (**save**) time.
それは時間を省くことができます。

◇ *A:* I usually practice badminton in the park. − *B:* (**I**) (**see**).
A: 私はたいてい公園でバドミントンを練習します。 − *B:* なるほど。

教科書p.57

◆ *Karuta* cards have two (**types**).
かるたのふだは２つのタイプがあります。

◆ Yes, (**reading**) (**cards**) and grabbing cards.
はい，読みふだと取りふだです。

◇ Is this a reading card or a (**grabbing**) (**card**)?
これは読みふだですか，それとも取りふだですか。

◆ She is a famous (**poet**).
彼女は有名な歌人です。

教科書p.58

◇ That is a (**lion**).
あれはライオンです。

□□□	**kangaroo** [kæŋgərúː キャンガ**ルー**]	名 カンガルー
□□□	**elephant** phに注意 [éləfənt **エ**レファント]	名 ゾウ
□□□	**got** 重要 [gɑt ガト] ▶I got it!	動 get(得る)の過去形 ▶わかった。
□□□	**answer** 重要 [ǽnsər **ア**ンサ]	名 答え
□□□	**round** [raund ラウンド]	形 丸い
□□□	**vegetable** [védʒətəbl **ヴェ**ヂタブル]	名 野菜
□□□	**gray** [grei グレイ]	名 形 灰色(の)
□□□	**tail** [teil テイル]	名 しっぽ
□□□	**forest** [fɔ́ːrist **フォ**ーリスト]	名 森
□□□	**That's right.**	そのとおりです。

◇ That is not a (**kangaroo**).
あれはカンガルーではありません。

◇ I want to see an (**elephant**) at the zoo.
私は動物園でゾウが見たいです。

◆ (**I**) (**got**) (**it**)! It's a banana.
わかりました。それはバナナです。

◇ I know the (**answer**).
私はその答えを知っています。

◇ The table in my room is (**round**).
私の部屋にあるテーブルは丸いです。

◇ I grow some (**vegetables**).
私はいくつかの野菜を育てています。

◇ We like (**gray**).
私たちは灰色が好きです。

◇ Look at that dog. His (**tail**) is short.
あのイヌを見てください。彼のしっぽは短いです。

◇ Many birds live in the (**forest**).
多くの鳥が森に住んでいます。

◇ *A:* Is this a drone? − *B:* (**That's**) (**right**).
A: これはドローンですか。 − *B:* そのとおりです。

Power-Up 2

持ち主をたずねよう

whose 重要 [huːz フーズ]	代 だれの
these 重要 [ðiːz ズィーズ]	代 これらは[が]
mine 重要 [main マイン]	代 私のもの
which 重要 [*h*witʃ (ホ)ウィチ]	形 どの，どちらの
yours 重要 [juə*r*z ユアズ]	代 あなたのもの
both 重要 [bouθ ボウス]	代 両方
light 重要 [lait ライト]	形 明るい
other 重要 [ʌ́ðə*r* **ア**ザ]	形 ほかの
absent [ǽbsənt **ア**ブセント]	形 欠席の

教科書p.60

◆ (**Whose**) notebook is the other one?
もう一方はだれのノートですか。

◆ Whose notebooks are (**these**)?
これらはだれのノートですか。

◆ That's (**mine**).
それは私のものです。

◆ (**Which**) one is yours, Kaho?
どちらがあなたのものですか，果歩。

◇ Is this (**yours**)?
これはあなたのものですか。

◆ (**Both**) are blue!
両方とも青色です。

◆ Which notebook is yours, the blue one or the (**light**) blue one?
青色のノートと明るい青色のノートの，どちらのノートがあなたのものですか。

◇ I have two cats. One is black, the (**other**) is white.
私は2匹のネコを飼っています。1匹は黒くて，もう1匹は白いです。

◆ He's (**absent**) today.
彼は今日，欠席です。

テスト直前チェック ④

PROGRAM 4	
⧄ **culture**	文化
⧄ **bird**	鳥
⧄ drone	ドローン
⧄ soap pump	せっけんポンプ
⧄ **push**	押す
⧄ paper knife	ペーパーナイフ
⧄ **hold**	持つ，つかむ
⧄ plug	（コードの）プラグ，差し込み
⧄ finger	(手の)指
⧄ hole	穴
⧄ just	ほんの，ちょっと
⧄ pull	引く
⧄ **useful**	役に立つ
⧄ correction pen	修正ペン
⧄ **woman**	女性，女の人
⧄ android	アンドロイド，人造人間
⧄ real	本物の
⧄ **person**	人，個人
⧄ **smile**	ほほえむ，笑う
⧄ with	～を持っている
⧄ towel	タオル

⧄ runner	走者，ランナー
⧄ **man**	男性，男の人
⧄ court	(テニスなどの)コート，中庭
⧄ stick	棒状の物
⧄ **into**	～の中へ[に]
⧄ inkstone	すずり
⧄ then	それから，そのうえ
⧄ rub	こする
⧄ **work**	仕事
⧄ **save**	(時間などを)省く
⧄ I see.	なるほど。［そうですか。］
⧄ type	型，類，タイプ
⧄ reading card	読みふだ
⧄ grabbing card	取りふだ
⧄ poet	歌人，詩人
⧄ **lion**	ライオン
⧄ kangaroo	カンガルー
⧄ elephant	ゾウ
⧄ **got**	get(得る)の過去形
⧄ I got it!	わかった。
⧄ **answer**	答え
⧄ round	丸い

☑ vegetable	野菜
☑ gray	灰色（の）
☑ tail	しっぽ
☑ forest	森
☑ That's right.	そのとおりです。

Power-Up ❷	
☑ **whose**	だれの
☑ **these**	これらは［が］
☑ **mine**	私のもの
☑ **which**	どの，どちらの
☑ **yours**	あなたのもの
☑ **both**	両方
☑ **light**	明るい
☑ **other**	ほかの
☑ absent	欠席の

PROGRAM 5

The Junior Safety Patrol

Scenes 1

□□□ **does** 重要 [dʌz, dəz ダズ]	助 動 doの変化形（主語が三人称単数で現在のときに使う）
□□□ **cóoking** [kúkiŋ クキング]	名 料理

その他の語句 ・the Júnior Sáfety Patról [ðə dʒúːnjər séifti pətróul ザ チューニャ セイフティ パトロウル] ジュニア・セーフティ・パトロール，通学路巡視員

Scenes 2

□□□ **fámily** 重要 [fǽməli ファミリ]	名 家族
□□□ **íce hockey** [áis haki アイス ハキ]	名 アイスホッケー
□□□ **pláyer** 重要 [pléiər プレイア]	名 選手
□□□ **every morning**	毎朝

その他の語句 ・Koréan [kəríːən コリーアン] 韓国・朝鮮語［人］

Think 1

□□□ **grándpa** [grǽndpɑː グランパー]	名 おじいさん
□□□ **same** 重要 [seim セイム]	形 同じ
□□□ **job** 重要 [dʒɑb ヂャブ]	名 仕事
□□□ **～, right?**	～でよろしいですね。

その他の語句 ・ah [ɑː アー] ああ（喜び・悲しみなどを表す発声）

教科書p.61 ~ p.63

◆ She (**doesn't**) make breakfast.
彼女は朝食を作りません。

◆ He likes (**cooking**) very much.
彼は料理が大好きです。

教科書p.62 ~ p.63

◆ What do you do for your (**family**)?
あなたは家族のために何をしていますか。

◆ Does he play (**ice**) (**hockey**)?
彼はアイスホッケーをしますか。

◆ He's a good (**player**).
彼はよい選手です。

◆ He makes *onigiri* (**every**) (**morning**).
彼は毎朝おにぎりを作ります。

教科書p.64

◆ That's my (**grandpa**).
あれは私のおじいさんです。

◆ We have the (**same**) job in the U.S.
アメリカにも同じ仕事があります。

◇ My father likes his (**job**).
父は自分の仕事が好きです。

◆ Oh, he watches students, (**right**)?
おや，彼は生徒たちを見守っているのですよね。

Think 2

□□□	**shoe** ✎ oeに注意 [ʃuː シュー]	名 (通例複数形で)くつ
□□□	**some** [sʌm, səm サム]	代 (ある)一部の，なかには～もいる[ある]
□□□	**wear** 重要 [weər ウェア]	動 着ている，身につけている
□□□	**nówadays** [náuədeiz **ナ**ウアデイズ]	副 今日では，近ごろ
□□□	**mémber** 重要 [mémbər **メ**ンバ]	名 一員，メンバー
□□□	**proud** [praud プラウド] ▶be proud of ～	形 誇りをもっている ▶～を誇りに思う
□□□	**impórtant** 重要 [impɔ́ːrtənt イン**ポ**ータント]	形 重要な，大切な
□□□	**take off ～**	～をぬぐ
□□□	**at home**	家で[に]

Interact

□□□	**has** 重要 [hæz, həz ハズ]	動 haveの変化形(主語が三人称単数で現在のときに使う)
□□□	**trável** 重要 [trǽvəl ト**ラ**ヴェル]	動 旅行をする
□□□	**abróad** 重要 [əbrɔ́ːd アブ**ロ**ード]	副 外国へ[に]

教科書p.65

◆ You take off your （**shoes**） here.
あなたはここでくつをぬぎます。

◇ （**Some**） students study with their friends.
友だちといっしょに勉強する生徒もいます。

◆ Some Americans don't （**wear**） shoes at home nowadays.
近ごろは，家でくつをはかないアメリカ人もいます。

◇ （**Nowadays**）, I make lunch on Sunday.
近ごろ，私は日曜日に昼食を作ります。

◆ She's a （**member**） of the Junior Safety Patrol.
彼女はジュニア・セーフティ・パトロールの一員です。

◆ She （**is**） （**proud**） （**of**） it too.
彼女はそれを誇りにも思っています。

◆ It's an （**important**） job.
それは重要な仕事です。

◇ （**Take**） （**off**） your shoes, please.
くつをぬいでください。

◇ My father isn't （**at**） （**home**） today.
私の父は今日家にいません。

教科書p.66

◆ He （**has**） a big sister.
彼にはお姉さんがいます。

◇ I （**travel**） with my family every summer.
私は家族といっしょに毎年夏に旅行をします。

◇ My sister goes （**abroad**） every year.
私の姉は毎年，外国に行きます。

□□□ **bicycle** cyに注意 [báisikl **バ**イスィクル]	名 自転車
□□□ **crossword puzzle** [krɔ́ːswəːrd pʌzl ク**ロ**ースワード　パズル]	名 クロスワードパズル
□□□ **take a picture**	写真をとる

英語のしくみ

□□□ work [wəːrk ワーク]	動 働く

場所を表す言い方(前置詞)

・in「～(の中)に[で]」: 比較的広い場所(国，都市など)や空間的広がり

I live in Tokyo.
(私は東京に住んでいます。)

・at「～に[で]」: 比較的狭い場所(町，建物など)や地点・一点

I usually study at home.
(私はたいてい家で勉強します。)

◇ Mika wants a new (**bicycle**).
美香は新しい自転車がほしいです。

◇ My brother often does (**crossword**) (**puzzles**).
私の兄はしばしばクロスワードパズルをします。

◇ My grandfather can (**take**) (**pictures**) well.
私の祖父は写真をじょうずにとることができます。

教科書p.67

◇ My mother (**works**) at the hospital.
私の母は病院で働いています。

・on「～に」: 接触してくっついている
・under「～の下に」
・in「～の中に」
・by「～のそばに」

Word Web ③ 季節・月の名前

教科書p.68

新出単語

□□□ **séason** 重要 [síːzn スィーズン]	名 季節
□□□ **month** 重要 [mʌnθ マンス]	名 (年月の)月

1 季節(séason)

spring「春」

summer「夏」

fall / autumn「秋」

winter「冬」

2 月の名前(month)

月の名前は必ず大文字で始める！

January「1月」

February「2月」

March「3月」

April「4月」

May「5月」

June「6月」

July「7月」

August「8月」

発音注意！

September「9月」

October「10月」

-ber
で終わる

November「11月」

December「12月」

テスト直前チェック ⑤

PROGRAM 5

☑ **does**	do の変化形(主語が三人称単数で現在のときに使う)
☑ cooking	料理
☑ **family**	家族
☑ ice hockey	アイスホッケー
☑ **player**	選手
☑ every morning	毎朝
☑ grandpa	おじいさん
☑ **same**	同じ
☑ **job**	仕事
☑ ～, right?	～でよろしいですね。
☑ shoe	(通例複数形で)くつ
☑ some	(ある)一部の，なかには～もいる[ある]
☑ **wear**	着ている，身につけている
☑ nowadays	今日では，近ごろ
☑ **member**	一員，メンバー
☑ proud	誇りをもっている
☑ be proud of ～	～を誇りに思う
☑ **important**	重要な，大切な
☑ take off ～	～をぬぐ
☑ at home	家で[に]
☑ **has**	have の変化形(主語が三人称単数で現在のときに使う)
☑ **travel**	旅行をする
☑ **abroad**	外国へ[に]
☑ bicycle	自転車
☑ crossword puzzle	クロスワードパズル
☑ take a picture	写真をとる
☑ work	働く

Word Web ❸

☑ **season**	季節
☑ **month**	(年月の)月
☑ **spring**	春
☑ **summer**	夏
☑ **fall / autumn**	秋
☑ **winter**	冬
☑ **January**	1月
☑ **February**	2月
☑ **March**	3月
☑ **April**	4月
☑ **May**	5月

☑ **June**	6月
☑ **July**	7月
☑ **August**	8月
☑ **September**	9月
☑ **October**	10月
☑ **November**	11月
☑ **December**	12月

PROGRAM 6

The Way to School

Scenes 1

□□□ **way** 重要 [wei ウェイ]	名 道
□□□ **him** 重要 [him ヒム]	代 彼を[に]
□□□ her [həːr ハー]	代 彼女を[に]
□□□ **detéctive** [ditéktiv ディ**テ**クティヴ]	名 探偵
□□□ **mónster** [mánstər **マ**ンスタ]	名 怪獣，モンスター
□□□ **pírate** [páiərət **パ**イアレト]	名 海賊

その他の語句 ・yeah [jeə イェア] うん，そう

Scenes 2

□□□ **éverybody** [évribɑdi **エ**ヴリバディ]	代 すべての人，だれでも
□□□ **éarly** 重要 （lに注意） [ə́ːrli **ア**ーリ]	副 (時間が)早く
□□□ **there** 重要 [ðeər ゼア]	副 そこで[に，へ]
□□□ **móvie** 重要 [múːvi **ム**ーヴィ]	名 映画
□□□ **romántic** [roumǽntik ロウ**マ**ンティク]	形 ロマンチックな

教科書p.69 ～ p.71

◇ This is the (**way**) to school.
これは学校へ続く道です。

◆ Oh, I know (**him**).
おお，私は彼を知っています。

◆ I like (**her**).
私は彼女が好きです。

◇ My uncle is a (**detective**).
私のおじは探偵です。

◇ You can see many (**monsters**) in the movie.
あなたはその映画の中で多くの怪獣を見ることができます。

◇ This is a book about (**pirates**).
これは海賊についての本です。

教科書p.70 ～ p.71

◆ She is kind to (**everybody**).
彼女はだれにでも親切です。

◇ Why do you go to school (**early**) every day?
なぜあなたは毎日，早く学校へ行くのですか。

◇ I often go to the city gym. I practice dance (**there**).
私はよく市民体育館へ行きます。私はそこでダンスを練習します。

◆ What is your favorite (**movie**)?
あなたのお気に入りの映画は何ですか。

◇ I like (**romantic**) movies.
私はロマンチックな映画が好きです。

□□□ **get up**	起きる

その他の語句 ・*STÁR WARS* [stáːr wɔːrz スター　ウォーズ] スター・ウォーズ(映画のタイトル)

Think 1

□□□ **tell** 重要 [tel テル]	動 教える，言う
□□□ **hóur** 重要 hに注意 [áuər アウア]	名 1時間，時間
□□□ **his** 重要 [hiz ヒズ]	代 彼の
□□□ **giráffe** [dʒərǽf ヂラフ]	名 キリン
□□□ **beyónd** [biánd ビアンド]	前 ～の向こうに
□□□ **them** 重要 [ðem ゼム]	代 彼ら[彼女ら，それら]を[に]
□□□ **acróss** 重要 [əkrɔ́ːs アクロース]	前 ～を横切って，～を越えて
□□□ **savánna** [səvǽnə サヴァナ]	名 サバンナ

その他の語句 ・Kénya [kénjə ケニャ] ケニヤ

Think 2

□□□ **amázing** [əméiziŋ アメイズィング]	形 すばらしい

◇ I (**get**) (**up**) at seven every day.
私は毎日，7時に起きます。

教科書p.72

◆ (**Tell**) me about him.
彼について私に教えてください。

◆ It takes two (**hours**).
2時間かかります。

◆ He goes to school with (**his**) sister.
彼は妹といっしょに登校します。

◇ We can see a (**giraffe**) in the zoo.
私たちは動物園でキリンを見ることができます。

◆ I can see giraffes (**beyond**) them.
私は彼らの向こうにキリンが見えます。

◇ Do you know Ami and Ben? I like (**them**).
あなたは亜美とベンを知っていますか。私は彼らが好きです。

◆ He walks (**across**) the savanna with her.
彼は彼女を連れてサバンナを越えるのです。

◇ Many animals live in the (**savanna**).
たくさんの動物がサバンナに住んでいます。

・Jáckson [dʒǽksn **チャ**クスン] ジャクソン(男子の名)

教科書p.73

◆ The savanna is (**amazing**).
サバンナはすばらしいです。

6

dangerous [déindʒərəs **デ**インヂャラス]	形 危険な
attack [ətǽk ア**タ**ク]	動 襲う，攻撃する
child 重要 [tʃaild チャイルド]	名 子ども
children 重要 [tʃíldrən **チ**ルドレン]	名 child（子ども）の複数形
adult [ədʌ́lt ア**ダ**ルト]	名 おとな
way [wei ウェイ] ▶No way!	名 方法 ▶まさか。[そんなばかな。]
safe [seif セイフ]	形 無事な，安全な
parent 重要 [péərənt **ペ**アレント]	名 親
pray [prei プレイ]	動 祈る
safety [séifti **セ**イフティ]	名 無事，安全
find 重要 [faind ファインド]	動 見つける
～, you know.	～だよね。

Interact

anything 重要 [éniθiŋ **エ**ニスィング]	代 （疑問文で）何か

◆ It's a（**dangerous**）place too, you know.
それは危険な場所でもありますよね。

◆ Because elephants sometimes（**attack**）school children.
なぜならゾウがときどき学校の子どもたちを襲うからです。

◇ Jane is a smart（**child**）.
ジェーンはかしこい子どもです。

◇ Many（**children**）watch this movie.
たくさんの子どもたちがこの映画を見ます。

◇ Takashi's brother is an（**adult**）.
隆司の兄はおとなです。

◇ *A:* I can't find my bag. − *B:*（**No**）（**way**）!
A: 私は自分のかばんを見つけることができません。 − *B:* まさか。

◆ Are Jackson and his sister（**safe**）?
ジャクソンと彼の妹は安全ですか。

◇ His（**parents**）are from Hokkaido.
彼の両親は北海道出身です。

◇ I（**pray**）for you.
私はあなたのために祈ります。

◆ So their parents pray for their（**safety**）.
だから，彼らの両親は子どもたちの無事を祈ります。

◆ You can（**find**）the answer in the movie.
あなたはその答えを映画の中で見つけられます。

◇ Horses run very fast,（**you**）（**know**）.
ウマはとても速く走りますよね。

教科書p.74

◆ Do you know（**anything**）about him?
あなたは彼について何か知っていますか。

□ □ □	**writer** [ráitər ライタ]	名 作家
□ □ □	**leader** [líːdər リーダ]	名 指導者
□ □ □	**singer-songwriter** [síŋərsɔ́ːŋraitər スィンガソーングライタ]	名 シンガーソングライター（歌手兼作詞作曲家）
□ □ □	**musician** 重要 [mjuːzíʃən ミューズィシャン]	名 ミュージシャン，音楽家
□ □ □	**athlete** [ǽθliːt アスリート]	名 運動選手，アスリート

英語のしくみ

□ □ □	**ours** 重要 [áuərz アウアズ]	代 私たちのもの
□ □ □	his [hiz ヒズ]	代 彼のもの
□ □ □	**hers** 重要 [həːrz ハーズ]	代 彼女のもの
□ □ □	**its** 重要 [its イツ]	代 それの
□ □ □	**theirs** 重要 [ðeərz ゼアズ]	代 彼ら[彼女ら，それら]のもの
□ □ □	these [ðiːz ズィーズ]	形 これらの

◆ He is a famous (**writer**).
彼は有名な作家です。

◇ Was Napoleon a great (**leader**)?
ナポレオンは偉大な指導者でしたか。

◇ Aiko is my favorite (**singer-songwriter**).
aikoは私のお気に入りのシンガーソングライターです。

◇ Yonezu Kenshi is a popular (**musician**).
米津玄師は人気のあるミュージシャンです。

◇ My brother is a good (**athlete**).
私の兄はよいアスリートです。

教科書p.75

◆ These bikes are (**ours**).
これらの自転車は私たちのものです。

◇ This desk is (**his**).
この机は彼のものです。

◇ Which umbrella is (**hers**)?
どちらのかさが彼女のものですか。

◇ Rika has a big bag. (**Its**) color is yellow.
里香は大きなかばんを持っています。それの色は黄色です。

◆ These books are (**theirs**).
これらの本は彼らのものです。

◇ How much are (**these**) oranges?
これらのオレンジはいくらですか。

Power-Up 3

道案内をしよう①(駅ビル)

□□□	**excúse** 重要 [ikskjúːz イクス**キュ**ーズ] ▶Excuse me, but ~.	動 許す ▶すみませんが, ~。
□□□	**floor** 重要 [flɔːr フロー]	名 階
□□□	**búrger** [bə́ːrgər **バ**ーガ]	名 ハンバーガー
□□□	**staff** [stæf スタフ]	名 職員, スタッフ
□□□	**informátion** [infərméiʃən インフォ**メ**イション]	名 情報
□□□	**cénter** Cに注意 [séntər **セ**ンタ]	名 (施設としての)センター
□□□	**éscalator** [éskəleitər **エ**スカレイタ]	名 エスカレーター
□□□	**next** 重要 [nekst ネクスト] ▶next to ~	形 隣の ▶~の隣に
□□□	**You're welcome.**	どういたしまして。

教科書p.76

◆ (**Excuse**) (**me**), (**but**) where is the burger shop?
すみませんが，ハンバーガーショップはどこですか。

◆ Take the escalator and go up to the second (**floor**).
エスカレーターに乗って，2階へ上がってください。

◇ I know the new (**burger**) shop.
私は新しいハンバーガーショップを知っています。

◇ She is a (**staff**) member of the flower shop.
彼女は花屋のスタッフです。

◇ Where is the (**information**) center?
インフォメーションセンター(情報センター)はどこですか。

◇ My city has a shopping (**center**).
私の市にはショッピングセンターがあります。

◆ Take the (**escalator**).
エスカレーターに乗ってください。

◇ The bookstore is (**next**) (**to**) the elevator.
書店はエレベーターの隣です。

◇ *A:* Thank you for your cake. — *B:* (**You're**) (**welcome**).
A: ケーキをありがとう。 — *B:* どういたしまして。

Power-Up 4

店内放送を聞こう

□□□ **instant** [ínstənt **イ**ンスタント]	形 すぐの，即時の
□□□ **camera** 重要 [kǽmərə **キャ**メラ]	名 カメラ
□□□ **easily** 重要 [íːzili **イ**ーズィリ]	副 たやすく，手軽に
□□□ **switch** [switʃ スウィチ] ▶switch on ～	動 スイッチを入れる ▶～のスイッチを入れる
□□□ shoot [ʃuːt シュート]	動 写真をとる
□□□ **share** 重要 [ʃeər シェア]	動 分かち合う
□□□ **wall** 重要 [wɔːl ウォール]	名 壁
□□□ **miss** 重要 [mis ミス]	動 逃す
□□□ **now** 重要 [nau ナウ]	副 今(は)，現在(では)

教科書p.77

◆ Insta Snappy is a wonderful (**instant**) camera.
インスタスナッピーはすばらしいインスタントカメラです。

◇ I want a new (**camera**).
私は新しいカメラがほしいです。

◆ You can use Insta Snappy very (**easily**).
あなたはとても手軽にインスタスナッピーを使うことができます。

◆ (**Switch**) it (**on**).
それのスイッチを入れてください。

◆ Switch it on and (**shoot**).
それのスイッチを入れて，写真をとります。

◆ You can (**share**) the picture with your friends.
あなたはその写真を友だちと共有することができます。

◆ You can post the picture on the (**wall**).
あなたは壁にその写真をはることができます。

◆ Don't (**miss**) it!
この機会を逃さないでください。

◆ Buy it (**now**)!
今が買い時です。

Word Web 4 順番・日付の言い方

新出単語

□□□ **date** 重要 [deit デイト]	名 日付

May

Sun	Mon	Tue	Wed
		thで終わる	
2	3	4	5
second	third	fourth	fifth
9	10	11	12
ninth	tenth	eleventh	twelfth
16	17	18	19
sixteenth	seventeenth	eighteenth	nineteenth
23	24	25	26
twenty-third	twenty-fourth	twenty-fifth	twenty-sixth
30	31		
thirtieth	thirty-first		

教科書p.78

eleventh
と読む

・*A:* What's the date today? － *B:* It's October 11.
A: 今日は何月何日ですか。 － *B:* 今日は10月11日です。

・This is my first trip to Kyoto.
(これは私の初めての京都旅行です。)

Thu	Fri	Sat
		1
		first
6	7	8
sixth	seventh	eighth
13	14	15
thirteenth	fourteenth	fifteenth
20	21	22
twentieth	twenty-first	twenty-second
27	28	29
twenty-seventh	twenty-eighth	twenty-ninth

ポイント

fifth
→fiveのveがfに

ninth
→nineのeをとる

twelfth
→twelveのveがfに

twentieth
→twentyのyがieに

twenty-first
→21以降は間にハイフン(-)が入る

thirtieth
→thirtyのyがieに

テスト直前チェック ⑥

PROGRAM 6	
⧄ **way**	道
⧄ **him**	彼を[に]
⧄ her	彼女を[に]
⧄ detective	探偵
⧄ monster	怪獣，モンスター
⧄ pirate	海賊
⧄ everybody	すべての人，だれでも
⧄ **early**	(時間が)早く
⧄ **there**	そこで[に，へ]
⧄ **movie**	映画
⧄ romantic	ロマンチックな
⧄ get up	起きる
⧄ **tell**	教える，言う
⧄ **hour**	1時間，時間
⧄ **his**	彼の
⧄ giraffe	キリン
⧄ beyond	～の向こうに
⧄ **them**	彼ら[彼女ら，それら]を[に]
⧄ **across**	～を横切って，～を越えて
⧄ savanna	サバンナ

⧄ amazing	すばらしい
⧄ dangerous	危険な
⧄ attack	襲う，攻撃する
⧄ **child**	子ども
⧄ **children**	child(子ども)の複数形
⧄ adult	おとな
⧄ way	方法
⧄ No way!	まさか。[そんなばかな。]
⧄ safe	無事な，安全な
⧄ **parent**	親
⧄ pray	祈る
⧄ safety	無事，安全
⧄ **find**	見つける
⧄ ～, you know.	～だよね。
⧄ **anything**	(疑問文で)何か
⧄ writer	作家
⧄ leader	指導者
⧄ singer-songwriter	シンガーソングライター(歌手兼作詞作曲家)
⧄ **musician**	ミュージシャン，音楽家
⧄ athlete	運動選手，アスリート

英語のしくみ

☑ ours	私たちのもの
☑ his	彼のもの
☑ hers	彼女のもの
☑ its	それの
☑ theirs	彼ら[彼女ら，それら]のもの
☑ these	これらの

Power-Up ❸

☑ excuse	許す
☑ Excuse me, but ～.	すみませんが～。
☑ floor	階
☑ burger	ハンバーガー
☑ staff	職員，スタッフ
☑ information	情報
☑ center	(施設としての)センター
☑ escalator	エスカレーター
☑ next	隣の
☑ next to ～	～の隣に
☑ You're welcome.	どういたしまして。

Power-Up ❹

☑ instant	すぐの，即時の
☑ camera	カメラ
☑ easily	たやすく，手軽に
☑ switch	スイッチを入れる
☑ switch on ～	～のスイッチを入れる
☑ shoot	写真をとる
☑ share	分かち合う
☑ wall	壁
☑ miss	逃す
☑ now	今(は)，現在(では)

Word Web ❹

☑ date	日付
☑ first (1st)	1番目(の)
☑ second (2nd)	2番目(の)
☑ third (3rd)	3番目(の)
☑ fourth (4th)	4番目(の)
☑ fifth (5th)	5番目(の)
☑ sixth (6th)	6番目(の)
☑ seventh (7th)	7番目(の)
☑ eighth (8th)	8番目(の)

⧄ **ninth (9th)**	9番目(の)
⧄ **tenth (10th)**	10番目(の)
⧄ **eleventh (11th)**	11番目(の)
⧄ **twelfth (12th)**	12番目(の)
⧄ **thirteenth (13th)**	13番目(の)
⧄ **fourteenth (14th)**	14番目(の)
⧄ **fifteenth (15th)**	15番目(の)
⧄ **sixteenth (16th)**	16番目(の)
⧄ **seventeenth (17th)**	17番目(の)
⧄ **eighteenth (18th)**	18番目(の)
⧄ **nineteenth (19th)**	19番目(の)
⧄ **twentieth (20th)**	20番目(の)
⧄ **twenty-first (21st)**	21番目(の)
⧄ **twenty-second (22nd)**	22番目(の)
⧄ **twenty-third (23rd)**	23番目(の)

⧄ **twenty-fourth (24th)**	24番目(の)
⧄ **twenty-fifth (25th)**	25番目(の)
⧄ **twenty-sixth (26th)**	26番目(の)
⧄ **twenty-seventh (27th)**	27番目(の)
⧄ **twenty-eighth (28th)**	28番目(の)
⧄ **twenty-ninth (29th)**	29番目(の)
⧄ **thirtieth (30th)**	30番目(の)
⧄ thirty-first (31st)	31番目(の)

代名詞のまとめ

◆単数

人称	主語	所有	目的語	所有
	～は[が]	～の	～を[に/が]	～のもの
一人称	I	my	me	mine
二人称	you	your	you	yours
三人称 (彼/彼女/それ)	he / she / it	his / her / its	him / her / it	his / hers / ―

◆複数

人称	主語	所有	目的語	所有
	～は[が]	～の	～を[に/が]	～のもの
一人称	we	our	us	ours
二人称	you	your	you	yours
三人称 (彼/彼女/それ)	they	their	them	theirs

PROGRAM 7

Research on Australia

Scenes 1

□□□ **research** [risə́ːrtʃ リ**サ**ーチ]	名 研究
□□□ **there** [ðeər ゼア]	副 (There is[are] ～.で)～がある。[いる。]
□□□ **over** 重要 [óuvər **オ**ウヴァ] ▶over there	副 越えて ▶あそこに，向こうに
□□□ **near** 重要 [niər ニア]	前 ～の近くの[に]
□□□ **those** 重要 [ðouz ゾウズ]	形 あれら[それら]の
□□□ **museum** 重要 [mjuːzíːəm ミュー**ズィ**ーアム]	名 博物館
□□□ **bridge** （dに注意） [bridʒ ブリヂ]	名 橋
□□□ **shopping mall** [ʃápiŋ mɔːl **シャ**ピング　モール]	名 ショッピングモール，（歩行者専用の）商店街
□□□ **college** [kálidʒ **カ**リヂ]	名 大学

Scenes 2

□□□ **full** [ful フル]	形 いっぱいの，満ちた
□□□ **something** 重要 [sʌ́mθiŋ **サ**ムスィング]	代 何か
□□□ **come** 重要 [kʌm カム]	動 来る，（相手のいる方向へ）行く

教科書p.79 ~ p.81

◇ I do (**research**) on Australia.
私はオーストラリアの研究をしています。

◆ (**There**) (**is**) a *sushi* restaurant over there.
むこうにおすし屋さんがありますね。

◇ Can you see a girl (**over**) (**there**)?
あなたはあそこにいる少女が見えますか。

◆ There are three parks (**near**) my house.
私の家の近くには公園が3つあります。

◇ (**Those**) dogs are mine.
あれらのイヌは私のものです。

◇ There is an old (**museum**) in this town.
この町には古い博物館があります。

◇ This (**bridge**) is famous.
この橋は有名です。

◇ This city has a big (**shopping**) (**mall**).
この市には大きなショッピングモールがあります。

◇ My brother goes to (**college**).
私の兄は大学に行っています。

教科書p.80 ~ p.81

◆ I'm (**full**).
私はおなかがいっぱいです。

◆ I want (**something**) sweet.
私は何かあまいものがほしいです。

◆ How does Mr. Yamada (**come**) to school?
山田先生はどのようにして学校へ来ますか。

□□□ **little** 重要 ttに注意 [lítl **リ**トル] ▶a little	副 少し(は) ▶少し
□□□ **far** 重要 [fɑːr ファー]	副 遠くに
□□□ **train** 重要 [trein トレイン]	名 電車，列車
□□□ **car** 重要 [kɑːr カー]	名 自動車

Think 1

□□□ **site** [sait サイト]	名 場所
□□□ **example** 重要 [igzǽmpl イグ**ザ**ンプル] ▶for example	名 例 ▶たとえば
□□□ **also** 重要 [ɔ́ːlsou **オ**ールソウ]	副 ～もまた，さらに
□□□ **unique** queに注意 [juːníːk ユー**ニ**ーク]	形 独特な
□□□ **Here it is.**	ここにあります(ね)。

その他の語句
- World Heritage Site [wə́ːrld héritidʒ sait **ワ**ールド **ヘ**リティヂ サイト] 世界遺産
- the Opera House [ði ɑ́pərə haus ズィ **ア**ペラ ハウス] オペラハウス(オーストラリアの劇場名)

Think 2

□□□ **barbecue** [bɑ́ːrbikjuː **バ**ービキュー]	名 バーベキュー
□□□ **sound** 重要 [saund サウンド] ▶Sounds fun.	動 ～に聞こえる ▶楽しそうですね。

◆ It's (**a**) (**little**) far from school.
それは学校から少し遠いです。

◇ The library is (**far**) from my house.
その図書館は私の家から遠いです。

◆ *A:* How does Mr. Yamada come to school? − *B:* By (**train**).
A: 山田先生はどのようにして学校に来ますか。 − *B:* 電車です。

◇ My father has a (**car**).
私の父は自動車を持っています。

教科書p.82

◇ I don't know the (**site**).
私はその場所を知りません。

◇ *A:* There are many famous places in Kyoto. − *B:* (**For**) (**example**)?
A: 京都にはたくさんの有名な場所があります。 − *B:* たとえば？

◆ We (**also**) have the Great Barrier Reef.
グレートバリアリーフもあります。

◇ You have a (**unique**) cap.
あなたは独特なぼうしを持っていますね。

◇ *A:* Where is my pen? − *B:* (**Here**) (**it**) (**is**).
A: 私のペンはどこですか。 − *B:* ここにあります。

・Sýdney [sídni **スィ**ドニ] シドニー(オーストラリアの都市)
・the Gréat Bárrier Reef [ðə gréit bǽriə*r* riːf ザ　グ**レ**イト　**バ**リア　リーフ]
グレートバリアリーフ(オーストラリア北東部にある世界最大のサンゴ礁地帯)

教科書p.83

◆ I go to the beach and have a (**barbecue**).
私は浜辺に行ってバーベキューをします。

◆ (**Sounds**) (**fun**).
楽しそうですね。

□□□	**party** 重要 [pɑ́ːrti パーティ]	名 パーティー
□□□	**jet ski** [dʒét skiː チェト　スキー]	名 ジェットスキー
□□□	**surfboard** [sə́ːrfbɔːrd サーフボード]	名 波乗り板，サーフボード
□□□	**someday** [sʌ́mdei サムデイ]	副 いつか
□□□	show [ʃou ショウ]　▶show ～ around	動 案内する ▶～(人)を案内して回る

その他の語句 ・Christmas [krísməs クリスマス] クリスマス

Interact

□□□	**check** [tʃek チェク]	動 確かめる
□□□	**highlighter** [háilaitər ハイライタ]	名 蛍光ペン
□□□	**ballpoint pen** [bɔ́ːlpɔint pen ボールポイント　ペン]	名 ボールペン
□□□	**mechanical pencil** [məkǽnikəl pénsəl メキャニカル　ペンスル]	名 シャープペンシル
□□□	**plane** 重要 [plein プレイン]	名 飛行機
□□□	**ship** [ʃip シプ]	名 (大型の)船

◇ We often have a (**party**).
私たちはしばしばパーティーをします。

◇ Santa Claus comes by (**jet**) (**ski**).
サンタクロースはジェットスキーで来ます。

◇ Do you have a (**surfboard**)?
あなたはサーフボードを持っていますか。

◆ Let's go to Australia (**someday**).
いつかオーストラリアに行きましょう。

◆ I can (**show**) you (**around**).
私があなたたちを案内することができます。

・Sánta Claus [sǽntə klɔːz **サ**ンタ　クローズ] サンタクロース

教科書p.84

◆ Let's (**check**).
確かめましょう。

◇ I want to buy a (**highlighter**).
私は蛍光ペンを買いたいです。

◇ Is this your (**ballpoint**) (**pen**)?
これはあなたのボールペンですか。

◇ This (**mechanical**) (**pencil**) is mine.
このシャープペンシルは私のものです。

◇ I usually go to Hokkaido by (**plane**).
私はたいてい飛行機で北海道に行きます。

◇ Look at that (**ship**).
あの船を見てください。

Steps 3

話の組み立て方を考えよう

□□□	**reason** 重要 [ríːzn **リ**ーズン]	名 理由
□□□	**topic** [tɑ́pik **タ**ピク]	名 話題，トピック
□□□	**outside** [autsáid アウト**サ**イド]	副 外は[で，に]
□□□	**life** 重要 [laif ライフ]	名 生活，人生
□□□	**country** 重要 [kʌ́ntri **カ**ントリ]	名 田舎，郊外，国
□□□	**would like to 〜**	〜したいと思う
□□□	**a kind of 〜**	一種の〜

考えをわかりやすく伝える表現

・I'd like to talk about 〜.

私は〜について話します。

・I have 〜 reason(s) for ....

私には…への〜つの理由があります。

・First, 〜. Second, 〜. Third, 〜.

(まず)第一に〜。第二に〜。第三に〜。

教科書p.86

◆ I have two (**reasons**).
私には2つの理由があります。

◇ What's the (**topic**)?
話題は何ですか。

◆ I can enjoy sports (**outside**).
私は外でスポーツを楽しむことができます。

◆ Do you like city (**life**) or country (**life**)?
あなたは都会の生活が好きですか，それとも田舎の生活が好きですか。

◆ I like (**country**) life.
私は田舎の生活が好きです。

◇ She (**would**) (**like**) (**to**) live in Tokyo someday.
彼女はいつか東京に住みたいと思っています。

◇ *Judo* is (**a**) (**kind**) (**of**) Japanese sports.
柔道は日本のスポーツの一種です。

I'd like to talk about my cousin Mika. I like her very much. I have three reasons for that.
First, she speaks English well.
Second, she is a good cook. Her curry is delicious.
Third, she is kind to everyone.

Word Web ⑤ 疑問詞のまとめ

新出単語

□□□	**which** [*h*witʃ (ホ)ウィチ]	代 どれ，どちら
□□□	**whose** [huːz フーズ]	代 だれのもの

【もの・こと】what「何？」

What can you make?
（あなたは何を作ることができますか。）

疑問詞のあとは
疑問文の語順

【時刻】what time「何時？」

What time is it?
（何時ですか。）

【人】who「だれ？」

Who is that woman?
（あの女性はだれですか。）

【選択】which「どれ？」

Which notebook is yours?
（どのノートがあなたのものですか。）
Which is your notebook?
（どれがあなたのノートですか。）

教科書p.88

【場所】where「どこ？」

Where are you from?
（あなたはどこの出身ですか。）

【時】when「いつ？」

When do you climb the mountain?
（あなたはいつ山に登りますか。）

【持ち主】whose「だれの？」

Whose notebook is this?
（これはだれのノートですか。）
Whose is this notebook?
（このノートはだれのものですか。）

【理由】why「なぜ？」

Why do you like Mary?
（なぜあなたはメアリーが好きなのですか。）

【手段】how「どのように？」

How can we go there?
（私たちはどうやってそこへ行けますか。）

【数】how many「いくつ？」

How many pens do you have?
（あなたは何本のペンを持っていますか。）

Our Project 2

この人を知っていますか

□□□ **learn** 重要 [ləːrn ラーン]	動 学ぶ，習う
□□□ **lot** 重要 [lɑt ラト] ▶a lot of ～	名 たくさん ▶たくさんの～
□□□ **thing** 重要 [θiŋ スィング]	名 もの，こと
□□□ **teach** 重要 [tiːtʃ ティーチ]	動 教える
□□□ **speech** 重要 [spiːtʃ スピーチ]	名 演説，スピーチ
□□□ **cómment** [kɑ́ment **カ**メント]	名 意見，コメント

studyとlearnの違い

ふつう，study は「勉強する」，learn は「学ぶ」のように訳されますが，ニュアンスが異なります。

study：～を(努力して)勉強する⇒「努力して勉強する」ことを表す

Sayuri studies science very hard.
(小百合はとても熱心に理科を勉強します。)

教科書p.89 ~ p.93

◆ I (**learn**) a lot of things from his play.
私は彼のプレーからたくさんのことを学んでいます。

◇ She can sing (**a**) (**lot**) (**of**) songs in English.
彼女は英語でたくさんの歌を歌うことができます。

◇ He knows a lot of (**things**) about his country.
彼は自分の国についてたくさんのことを知っています。

◆ He often (**teaches**) soccer to children.
彼はしばしば子どもたちにサッカーを教えています。

◇ I sometimes make a (**speech**) in class.
私はときどき授業でスピーチをします。

◇ Thanks for your (**comment**).
意見をありがとう。

learn : ~を学んで身につける⇒「勉強した結果が身につく」ことを表す

Sayuri learns the piano.
(小百合はピアノを学んでいます。)

Power-Up 5

インタビューを聞こう

□□□ **mean** 重要 [miːn ミーン]	動 意味する
□□□ **céntury** [séntʃəri センチュリ]	名 1世紀，100年
□□□ **lánguage** 重要 [lǽŋgwidʒ ラングウィヂ]	名 言語，ことば

上げ調子と下げ調子

・たずねる文のときは上げ調子（↗）

Are you Kumi?（↗）（あなたは久美ですか。）

Is that your room?（↗）（それはあなたの部屋ですか。）

・**what** で始まる文は，たずねる文でも下げ調子（↘）

What's that?（↘）（それは何ですか。）

・否定する文や驚きを表す文などは下げ調子（↘）

That is not your room.（↘）（それはあなたの部屋ではありません。）

Nice flowers!（↘）（すてきな花ですね。）

教科書p.94

◇ What does *onigiri* (**mean**) in English?
おにぎりは英語で何を意味しますか。

◇ It is the 21st (**century**) now.
今は21世紀です。

◆ You speak Japanese, English, and a cat (**language**).
あなたは日本語，英語，それとネコ語を話すのですね。

【Excuse me. と (I'm) Sorry.】

・聞き返すときは上げ調子 (⤴)

Excuse me? (⤴) I can't hear you well.
(すみません。よく聞こえません。)

Sorry? (⤴) Can you say that again?
(すみません。もう一度言ってもらえますか。)

・声をかけるとき，あやまるときは下げ調子 (⤵)

Excuse me. (⤵) Do you know the way to the hospital?
(すみません。あなたは病院への行き方を知っていますか。)

Sorry. (⤵) I don't have a watch.
(すみません。私は腕時計を持っていません。)

テスト直前チェック ⑦

PROGRAM 7

☑ research	研究
☑ there	(There is[are] ~. で)~がある。[いる。]
☑ **over**	越えて
☑ over there	あそこに，向こうに
☑ **near**	~の近くの[に]
☑ **those**	あれら[それら]の
☑ **museum**	博物館
☑ bridge	橋
☑ shopping mall	ショッピングモール，(歩行者専用の)商店街
☑ college	大学
☑ full	いっぱいの，満ちた
☑ **something**	何か
☑ **come**	来る，(相手のいる方向へ)行く
☑ **little**	少し(は)
☑ a little	少し
☑ **far**	遠くに
☑ **train**	電車，列車
☑ **car**	自動車
☑ site	場所
☑ **example**	例
☑ for example	たとえば
☑ **also**	~もまた，さらに
☑ unique	独特な
☑ Here it is.	ここにあります(ね)。
☑ barbecue	バーベキュー
☑ **sound**	~に聞こえる
☑ Sounds fun.	楽しそうですね。
☑ **party**	パーティー
☑ jet ski	ジェットスキー
☑ surfboard	波乗り板，サーフボード
☑ someday	いつか
☑ show	案内する
☑ show ~ around	~(人)を案内して回る
☑ check	確かめる
☑ highlighter	蛍光ペン
☑ ballpoint pen	ボールペン
☑ mechanical pencil	シャープペンシル
☑ **plane**	飛行機
☑ ship	(大型の)船

Steps 3

⧄ reason	理由
⧄ topic	話題，トピック
⧄ outside	外は[で，に]
⧄ **life**	生活，人生
⧄ **country**	田舎，郊外，国
⧄ would like to ～	～したいと思う
⧄ a kind of ～	一種の～

Our Project ❷

⧄ **learn**	学ぶ，習う
⧄ **lot**	たくさん
⧄ a lot of ～	たくさんの～
⧄ **thing**	もの，こと
⧄ **teach**	教える
⧄ **speech**	演説，スピーチ
⧄ comment	意見，コメント

Word Web ❺

⧄ which	どれ，どちら
⧄ whose	だれのもの
⧄ **What ～?**	何？（もの・こと）
⧄ What time ～?	何時？（時刻）
⧄ **Who ～?**	だれ？（人）
⧄ **Which ～?**	どれ？（選択）
⧄ **Where ～?**	どこ？（場所）
⧄ **When ～?**	いつ？（時）
⧄ Whose ～?	だれの？（持ち主）
⧄ **Why ～?**	なぜ？（理由）
⧄ How ～?	どのように？（手段）
⧄ How many ～?	いくつ？（数）

Power-Up ❺

⧄ **mean**	意味する
⧄ century	1 世紀，100 年
⧄ **language**	言語，ことば

PROGRAM 8

The Year-End Events

Scenes ❶

☐☐☐	**yéar-énd** [jíərénd イアレンド]	形 年末の
☐☐☐	**evént** 重要 [ivént イヴェント]	名 行事，出来事
☐☐☐	**help** 重要 [help ヘルプ]	動 助ける，手伝う 名 助け，手伝い
☐☐☐	**ánything** [éniθiŋ エニスィング]	代 (否定文で)何も
☐☐☐	**need** 重要 [niːd ニード]	動 必要とする
☐☐☐	**báthroom** [bǽθruːm バスルーム]	名 浴室，ふろ場
☐☐☐	**shówer** [ʃáuər シャウア]	名 シャワー
☐☐☐	**air** 重要 [eər エア]　▶in the air	名 空中，空 ▶空中に
☐☐☐	**persímmon** [pərsímən パースィモン]	名 カキ(果物)
☐☐☐	**mángo** [mǽŋgou マンゴウ]	名 マンゴー
☐☐☐	**avocádo** [ævəkáːdou アヴォカードウ]	名 アボカド
☐☐☐	**chéstnut** [tʃésnʌt チェスナト]	名 クリ
☐☐☐	**stráwberry** [strɔ́ːberi ストローベリ]	名 イチゴ

◇ We have the （**year-end**） events in Japan.
日本には年末の行事があります。

◇ Snow Festival is my favorite （**event**）.
雪まつりは，私のお気に入りの行事です。

◆ Can you （**help**） me, Ben?
私を手伝ってもらえますか，ベン。

◇ I'm not doing （**anything**） now.
私は今，何もしていません。

◆ I （**need**） your help, Makoto.
あなたの助けが必要です，誠。

◆ I'm in the （**bathroom**）.
私は浴室にいます。

◆ I'm taking a （**shower**） now.
私は今，シャワーを浴びているところです。

◆ Please draw a fruit （**in**）（**the**）（**air**）.
空中にくだものを描いてください。

◇ I don't like （**persimmons**）.
私はカキが好きではありません。

◇ I want to drink （**mango**） juice.
私はマンゴージュースが飲みたいです。

◇ My cousin loves （**avocados**）.
私のいとこはアボカドが大好きです。

◇ Fall is the season for （**chestnuts**）.
秋はクリの季節です。

◇ Do you like （**strawberries**）?
あなたはイチゴは好きですか。

□□□ **Can you ～?**	～してもらえますか。

Scenes 2

□□□ **course** [kɔːrs コース] ▶of course	名 (of courseで)もちろん ▶もちろん
□□□ **feel** 重要 [fiːl フィール]	動 感じる
□□□ **Why don't we ～?**	(提案して)～しませんか。

Think 1

□□□ **dad** [dæd ダド]	名 おとうさん，パパ
□□□ sure [ʃuər シュア]	形 確かで
□□□ **wipe** [waip ワイプ]	動 ふく
□□□ **set** [set セト]	名 ひとそろい，一式
□□□ **all** 重要 [ɔːl オール] ▶All right.	代 全部，全員，すべて 副 まったく，すっかり ▶わかりました。
□□□ **turn off ～**	(テレビなどを)消す，止める

その他の語句 ・hey [hei ヘイ] (呼びかけ)おい，ちょっと

Think 2

□□□ **mom** 重要 [mɑm マム]	名 おかあさん，ママ

◇ (**Can**) (**you**) come to the park?
公園に来てもらえますか。

教科書p.96 ~ p.97

◆ *A:* Are you really studying, Ben? − *B:* (**Of**) (**course**).
A: あなたはほんとうに勉強しているところですか，ベン。 − *B:* もちろんです。

◆ Oh, I'm (**feeling**) good.
ああ，私は気分がいいです。

◆ (**Why**) (**don't**) (**we**) play tennis in the park?
公園でテニスをしませんか。

教科書p.98

◆ *A:* Can you come here? − *B:* Sorry, I can't, (**Dad**).
A: ここへ来てもらえますか。 − *B:* ごめんなさい，できません，おとうさん。

◆ Are you (**sure**)?
ほんとうですか。

◆ I'm (**wiping**) the TV set.
私はテレビセットをふいています。

◇ I want a tea (**set**).
私はお茶のセットがほしいです。

◇ *A:* I can't help you now. − *B:* (**All**) (**right**).
A: 私は今あなたを手伝うことはできません。 − *B:* わかりました。

◆ (**Turn**) (**off**) the TV.
テレビを消しなさい。

教科書p.99

◆ What are you doing, (**Mom**)?
何をしているのですか，おかあさん。

☐☐☐ **mash** [mæʃ マシュ] (shに注意)	動 つぶす
☐☐☐ **sweet potato** [swíːt pəteitou スウィート ポテイトウ]	名 サツマイモ
☐☐☐ **traditional** 重要 [trədíʃənl トラディショヌル]	形 伝統的な
☐☐☐ **wait** 重要 [weit ウェイト]	動 待つ

その他の語句 ・New Year [njúː jíər ニュー イア] 新年

Interact

☐☐☐ **violin** [vaiəlín ヴァイオリン]	名 バイオリン
☐☐☐ **magazine** [mægəzíːn マガズィーン]	名 雑誌
☐☐☐ **crane** [krein クレイン]	名 ツル
☐☐☐ **go fishing**	つりに行く
☐☐☐ OK [óukéi オウケイ]	形 よろしい，結構な

Steps 5 絵や写真を英語で表現しよう

☐☐☐ just [dʒʌst ヂャスト]	副 ただ(～だけ)

◆ I'm (**mashing**) sweet potatoes.
私はサツマイモをつぶしています。

◇ We can get fresh (**sweet**) (**potatoes**) in autumn.
私たちは秋には新鮮なサツマイモを手に入れることができます。

◆ It's a (**traditional**) Japanese dish for the New Year.
それは新年のための日本の伝統的な料理です。

◆ I can't (**wait**).
私は待ちきれません。[待ち遠しい。]

教科書p.100

◇ He plays the (**violin**) very well.
彼はとてもじょうずにバイオリンをひきます。

◇ She buys her favorite (**magazine**) every month.
彼女は毎月，お気に入りの雑誌を買います。

◇ Mary is making an *origami* (**crane**).
メアリーは折り鶴を作っています。

◆ Let's (**go**) (**fishing**).
つりに行きましょう。

◆ Tomorrow is (**OK**) with me.
私は明日で大丈夫です。

教科書p.102

◆ The dog on my card is (**just**) sitting.
私のカードのイヌはただすわっているだけです。

テスト直前チェック ⑧

PROGRAM 8	
☑ year-end	年末の
☑ **event**	行事，出来事
☑ **help**	助ける，手伝う 助け，手伝い
☑ anything	(否定文で)何も
☑ **need**	必要とする
☑ bathroom	浴室，ふろ場
☑ shower	シャワー
☑ **air**	空中，空
☑ in the air	空中に
☑ persimmon	カキ(果物)
☑ mango	マンゴー
☑ avocado	アボカド
☑ chestnut	クリ
☑ strawberry	イチゴ
☑ Can you ～?	～してもらえますか。
☑ course	(of course で)もちろん
☑ of course	もちろん
☑ **feel**	感じる
☑ Why don't we ～?	(提案して)～しませんか。
☑ dad	おとうさん，パパ
☑ sure	確かで
☑ wipe	ふく
☑ set	ひとそろい，一式
☑ **all**	全部，全員，すべて，まったく，すっかり
☑ All right.	わかりました。
☑ turn off ～	(テレビなどを)消す，止める
☑ **mom**	おかあさん，ママ
☑ mash	つぶす
☑ sweet potato	サツマイモ
☑ **traditional**	伝統的な
☑ **wait**	待つ
☑ violin	バイオリン
☑ magazine	雑誌
☑ crane	ツル
☑ go fishing	つりに行く
☑ OK	よろしい，結構な

Steps 5	
☑ just	ただ(～だけ)

依頼や提案をする表現

【依頼する】

・Can you ～?「～してもらえますか。」
Can you show your notebook to me?
（あなたのノートを私に見せてもらえますか。）

【ていねいに依頼する】

・Could[Would] you ～?「～してくださいませんか。」
Could[Would] you tell me about the English class yesterday?
（昨日の英語の授業について教えてくださいませんか。）

【提案する】

・Why don't we ～?「～しませんか。」
Why don't we go to the library?
（図書館に行きませんか。）

・Why don't you ～?「～してはどうですか。」
Why don't you come with me?
（私といっしょに来てはどうですか。）

・How about ～?「～はどうですか。」
How about curry and rice?
（カレーライスはどうですか。）

PROGRAM 9

A Trip to Finland

Scenes 1

☐☐☐	**stay** 重要 [stei ステイ]	動 滞在する，泊まる
☐☐☐	**cóuch potato** [káutʃ pəteitou **カ**ウチ　ポテイトウ]	名 すわってばかりいる怠け者，ソファに寝そべってテレビばかり見ている人
☐☐☐	**beat** [biːt ビート]	動 打ち負かす
☐☐☐	**last** 重要 [læst ラスト]	形 (この)前の

その他の語句 ・Fínland [fínlənd **フィ**ンランド] フィンランド

Scenes 2

☐☐☐	**had** 重要 [hæd, həd ハド]	動 haveの過去形
☐☐☐	**yésterday** 重要 [jéstə*r*dei **イェ**スタデイ]	副 昨日(は)
☐☐☐	**bar** [bɑː*r* バー]	名 棒状のもの
☐☐☐	**win** 重要 [win ウィン]	動 勝つ，勝ちとる
☐☐☐	**won** 重要 [wʌn ワン]	動 win(勝つ)の過去形
☐☐☐	**anóther** 重要 [ənʌ́ðə*r* ア**ナ**ザ]	形 もうひとつ[1人]の
☐☐☐	**lúcky** [lʌ́ki **ラ**キ]	形 幸運な，運のよい
☐☐☐	**read** [red レド]	動 ([red]で)read(読む)の過去形

教科書p.103 ～ p.105

◆ I（**stayed**）home and watched TV.
私は家にいてテレビを見ていました。

◆ Oh, you're a（**couch**）（**potato**）.
まあ，怠け者ですね。

◆ He always（**beats**）me.
彼はいつも私を打ち負かします。

◇ I went shopping（**last**）Saturday.
私はこの前の土曜日に買い物に行きました。

教科書p.104 ～ p.105

◆ I（**had**）a good time yesterday.
私は昨日，楽しい時を過ごしました。

◇ Did you watch TV（**yesterday**）?
あなたは昨日，テレビを見ましたか。

◆ I ate an ice cream（**bar**）.
私はアイスクリームを１本食べました。

◇ You always（**win**）video games.
あなたはいつもテレビゲームで勝ちます。

◆ I（**won**）another one.
私はもう１つ当たりました。

◇ I want（**another**）book.
私はもう１冊本がほしいです。

◆ How（**lucky**）!
なんて幸運なんでしょう。

◇ Ken（**read**）a book last night.
昨夜，健は本を読みました。

□□□ **took** 重要 [tuk トゥク]	動 take(とる)の過去形
□□□ **medical** [médikəl **メ**ディカル]	形 医療の，内科の
□□□ **checkup** [tʃékʌp **チェ**カプ]	名 検査

Scenes 3

□□□ **did** 重要 [did ディド]	助 動 doの過去形
□□□ **too** [tuː トゥー]	副 あまりに，～すぎる
□□□ **dessert** SSに注意 [dizə́ːrt ディ**ザー**ト]	名 デザート
□□□ **stadium** 重要 [stéidiəm ス**テ**イディアム]	名 球場，競技場
□□□ **ago** 重要 [əgóu ア**ゴ**ウ]	副 (今から)～前に
□□□ **anywhere** [énihweər **エ**ニ(ホ)ウェア]	副 (疑問文で)どこかに
□□□ **last night**	昨夜

Think 1

□□□ **aurora** [ɔːrɔ́ːrə オー**ロ**ーラ]	名 オーロラ
□□□ **relax** [rilǽks リ**ラ**クス]	動 くつろぐ

◆ I (**took**) my dog to the vet for a medical checkup.
私は健康診断のために私のイヌを獣医へ連れていきました。

◇ I want to be a (**medical**) student.
私は医学生になりたいです。

◇ My father had a medical (**checkup**) yesterday.
父は昨日，健康診断を受けました。

教科書p.104 ～ p.105

◆ (**Did**) you eat two ice cream bars before dinner?
あなたは夕食前にアイスクリームを２本食べたのですか。

◆ You ate (**too**) much.
あなたは食べ過ぎました。

◆ I didn't eat (**dessert**) last night.
私は昨夜はデザートを食べませんでした。

◆ I went to the soccer (**stadium**).
私はサッカースタジアムへ行きました。

◆ Did you play tennis three days (**ago**)?
あなたは３日前，テニスをしましたか。

◇ Did they go (**anywhere**) yesterday?
彼らは昨日，どこかに行きましたか。

◇ He didn't read a newspaper (**last**) (**night**).
昨夜，彼は新聞を読みませんでした。

教科書p.106

◆ I saw the (**aurora**).
私はオーロラを見ました。

◆ I (**relaxed**) in a sauna.
私はサウナの中でくつろぎました。

□□□ **sauna** [sɔ́ːnə **ソ**ーナ]	名 サウナ
□□□ **people** 重要 [píːpl **ピ**ープル]	名 人々
□□□ **invent** [invént イン**ヴェ**ント]	動 発明する
□□□ **take a look at ～**	～を(ちょっと)見る
□□□ **last week**	先週

その他の語句 ・Finnish [fíniʃ **フィ**ニシュ] フィンランド(人)の

Think 2

□□□ **bitter** [bítər **ビ**タ]	形 苦い
□□□ **candy** [kǽndi **キャ**ンディ]	名 あめ
□□□ **only** 重要 [óunli **オ**ウンリ]	副 たった～だけ，ほんの～
□□□ **once** 重要 ceに注意 [wʌns ワンス]	副 一度，一回
□□□ **tasty** [téisti **テ**イスティ]	形 おいしい
□□□ **bought** 重要 ghに注意 [bɔːt ボート]	動 buy(買う)の過去形
□□□ **found** 重要 [faund ファウンド]	動 find(見つける)の過去形

◆ They have (**saunas**) in their homes!
彼らは自分の家にサウナを持っています。

◆ Some (**people**) take a sauna and then jump into a lake.
サウナに入ってから湖に飛び込む人々もいます。

◇ My brother (**invented**) the game.
私の兄がそのゲームを発明しました。

◆ (**Take**) (**a**) (**look**) (**at**) these pictures.
これらの写真を見てください。

◆ I visited Finland (**last**) (**week**).
私は先週，フィンランドを訪れました。

教科書p.107

◆ It's a (**bitter**) and salty candy.
それは苦くて塩からいあめです。

◇ My mother always has (**candies**) in her bag.
私の母はいつもかばんの中にあめを持っています。

◆ I ate it (**only**) once during the trip.
私は旅行中に一度だけそれを食べました。

◇ I visited my uncle (**once**) last year.
私は昨年一度，おじを訪ねました。

◆ Is it (**tasty**)?
それはおいしいですか。

◆ I (**bought**) one for you.
私はあなたのために一つ買いました。

◆ I (**found**) it at a supermarket.
私はスーパーマーケットでそれを見つけました。

□□□	**be famous for ～**	～で有名である

その他の語句・Móomin [múːmin **ム**ーミン] ムーミン(童話の主人公の名)

Think 3

□□□	**expérience** 重要 [ikspíəriəns イクス**ピ**アリエンス]	名 体験，経験
□□□	**réindeer** [réindiə*r* **レ**インディア]	名 トナカイ
□□□	**road** [roud ロウド]	名 道路，道
□□□	**rise** [raiz ライズ]	動 (太陽などが)昇る
□□□	**untíl** [əntíl アン**ティ**ル]	前 ～まで
□□□	**á.ḿ.** 重要 [éiém **エ**イ**エ**ム]	副 (ラテン語の略で)午前
□□□	set [set セト]	動 (太陽などが)沈む
□□□	**ṕ.ḿ.** 重要 [píːém **ピー**エム]	副 (ラテン語の略で)午後
□□□	all [ɔːl オール]　▶all day	形 すべての ▶一日じゅう

Interact

□□□	**do my homework**	宿題をする

◇ The town (**is**) (**famous**) (**for**) its beautiful river.
その町は美しい川で有名です。

・*sâlmiakki* [sǽlmiæki **サ**ルミアキ]
サルミアッキ（フィンランドなどで食べられている菓子の名）

教科書p.108

◆ Did you have any other (**experiences**)?
あなたは何かほかの体験をしましたか。

◆ I saw a (**reindeer**) on the road.
私は道路でトナカイを見かけました。

◇ Many people were walking on the (**road**).
たくさんの人々が道を歩いていました。

◆ The sun didn't (**rise**) until 11 a.m.
太陽は午前11時まで昇りませんでした。

◇ He didn't get up (**until**) 10 a.m.
彼は午前10時まで起きませんでした。

◇ I usually eat breakfast at 7 (**a.m.**)
私はたいてい午前7時に朝食を食べます。

◆ What time did the sun (**set**) then?
では太陽は何時に沈んだのですか。

◇ I usually go to bed at 10 (**p.m.**)
私はたいてい午後10時に寝ます。

◆ I can play outside (**all**) (**day**).
私は一日じゅう外で遊ぶことができます。

教科書p.110

◇ I always (**do**) (**my**) (**homework**) before dinner.
私はいつも夕食前に宿題をします。

テスト直前チェック ⑨

PROGRAM 9	
☑ **stay**	滞在する，泊まる
☑ couch potato	すわってばかりいる怠け者，ソファに寝そべってテレビばかり見ている人
☑ beat	打ち負かす
☑ **last**	(この)前の
☑ **had**	have の過去形
☑ **yesterday**	昨日(は)
☑ bar	棒状のもの
☑ **win**	勝つ，勝ちとる
☑ **won**	win(勝つ)の過去形
☑ **another**	もうひとつ[1 人]の
☑ lucky	幸運な，運のよい
☑ read	([red] で)read(読む)の過去形
☑ **took**	take(とる)の過去形
☑ medical	医療の，内科の
☑ checkup	検査
☑ **did**	do の過去形
☑ too	あまりに，～すぎる
☑ dessert	デザート
☑ **stadium**	球場，競技場
☑ **ago**	(今から)～前に
☑ anywhere	(疑問文で)どこかに
☑ last night	昨夜
☑ aurora	オーロラ
☑ relax	くつろぐ
☑ sauna	サウナ
☑ **people**	人々
☑ invent	発明する
☑ take a look at ～	～を(ちょっと)見る
☑ last week	先週
☑ bitter	苦い
☑ candy	あめ
☑ **only**	たった～だけ，ほんの～
☑ **once**	一度，一回
☑ tasty	おいしい
☑ **bought**	buy(買う)の過去形
☑ **found**	find(見つける)の過去形
☑ be famous for ～	～で有名である
☑ **experience**	体験，経験
☑ reindeer	トナカイ
☑ road	道路，道

⧄ rise	(太陽などが)昇る
⧄ until	～まで
⧄ **a.m.**	(ラテン語の略で)午前
⧄ set	(太陽などが)沈む
⧄ **p.m.**	(ラテン語の略で)午後
⧄ all	すべての
⧄ all day	一日じゅう
⧄ do my homework	宿題をする

PROGRAM 10

Grandma Baba's Warming Ideas!

Scenes 1

grandma [grǽndmɑː グランマー]	名 おばあさん
warming [wɔ́ːrmiŋ ウォーミング]	形 温かい
idea 重要 [aidíə アイディア]	名 考え，アイディア
were 重要 [wəːr, wər ワー]	動 areの過去形
still 重要 [stil スティル]	副 まだ，今でも
sleepy 重要 [slíːpi スリーピ]	形 眠い
finish 重要 [fíniʃ フィニシュ]	動 終える
program 重要 [próugræm プロウグラム]	名 プログラム，番組
moving [múːviŋ ムーヴィング]	形 感動させる
awesome [ɔ́ːsəm オーサム]	形 すごい

Scenes 2

theater [θíːətər スィーアタ]	名 劇場，映画館
I'm home.	ただいま。

教科書p.113～p.115

◇ I visited my (**grandma**) yesterday.
私は昨日，おばあさんを訪ねました。

◇ I need (**warming**) gloves.
私には温かい手袋が必要です。

◇ Her (**idea**) is wonderful.
彼女の考えはすばらしいです。

◆ You (**were**) very cute.
あなたはとてもかわいかったのですね。

◆ You are (**still**) cute.
あなたは今もかわいいです。

◆ So I was (**sleepy**) yesterday.
だから昨日私は眠かったです。

◆ Did you (**finish**) your homework, Kumi?
あなたは宿題を終えましたか，久美。

◇ I love this TV (**program**).
私はこのテレビ番組が大好きです。

◆ Program 6 was (**moving**).
プログラム6は感動的でした。

◇ That was an (**awesome**) party.
それはすごいパーティでした。

教科書p.114～p.115

◇ I went to the (**theater**) with my mother yesterday.
私は昨日，母と映画館に行きました。

◇ (**I'm**) (**home**).
ただいま。

Scenes 3

□□□ **sleep** 重要 [sliːp スリープ]	動 眠る
□□□ **o'clock** 重要 [əklák オク**ラ**ク]	副 ～時(ちょうど)
□□□ **call** 重要 [kɔːl コール]	動 電話をかける
□□□ **comic** [kámik **カ**ミク]	名 マンガ
□□□ **surprised** 重要 [sə*r*práizd サプ**ラ**イズド]	形 驚いて
□□□ **textbook** [tékstbuk **テ**クストブク]	名 教科書
□□□ **surf** [səː*r*f サーフ]	動 (インターネットサイトを)あちこち見て回る
□□□ **internet** 重要 [íntə*r*net **イ**ンタネト]	名 インターネット

Think 1

□□□ **came** 重要 [keim ケイム]	動 come(来る)の過去形
□□□ **matter** [mǽtə*r* **マ**タ] ▶What's the matter?	名 困ったこと ▶どうしたのですか。
□□□ **young** 重要 [jʌŋ ヤング]	形 若い
□□□ **freeze** [friːz フリーズ]	動 凍る

教科書p.114 ～ p.115

◆ I was (**sleeping**).
私は眠っていました。

◇ I get up at six (**o'clock**) every day.
私は毎日，6時ちょうどに起きます。

◆ I (**called**) you at five thirty yesterday.
私は昨日5時30分にあなたに電話しました。

◆ I was reading a (**comic**) book.
私はマンガ本を読んでいました。

◆ I was (**surprised**).
私は驚きました。

◇ John was reading a (**textbook**) then.
ジョンはそのとき教科書を読んでいました。

◇ Do you often (**surf**) the internet?
あなたはしばしばインターネットを見て回りますか。

◇ I use the (**internet**) every day.
私は毎日インターネットを使います。

教科書p.116 ～ p.117

◆ Then a cat and a dog (**came**) into her house.
すると，ネコとイヌが彼女の家に入ってきました。

◆ (**What's**) (**the**) (**matter**), my young friends?
どうしたんだい，お若いの。

◇ Mr. Tanaka is (**young**).
田中先生は若いです。

◆ We're (**freezing**)!
ぼくたち凍えそうだよ。

bédroom [bédruːm **ベ**ドルーム]	名 寝室
say 重要 [sei セイ]	動 言う
trampolíne [træmpəlíːn トランポ**リ**ーン]	名 トランポリン
fóllow 重要 llに注意 [fálou **ファ**ロウ]	動 従う

Think 2

bang [bæŋ バング]	名 バン[ドン]という音
broke [brouk ブロウク]	動 break(壊れる)の過去形
térrible [térəbl **テ**リブル]	形 恐ろしい，ひどい
enóugh 重要 ghに注意 [inʌ́f イ**ナ**フ]	副 十分に
bad 重要 [bæd バド]	形 悪い
cut 重要 [kʌt カト]	動 切る《過去形も同形》
leg 重要 [leg レグ]	名 脚
sleigh ghに注意 [slei スレイ]	名 そり
start 重要 [stɑː*r*t スタート]	動 出発する，始める

◆ They all went into her (**bedroom**).
彼らはみんな彼女の寝室に入りました。

◆ Did you (**say**) "jump"?
「ジャンプ」と言ったのですか。

◆ It's a bed (**trampoline**).
ベッドのトランポリンだよ。

◆ All the animals (**followed**) her and jumped together.
動物たちみんなが彼女に続いていっしょにジャンプしました。

教科書p.118 ~ p.119

◇ Did you hear the sound, "(**Bang**)?"
あなたは「バン」という音を聞きましたか。

◆ The bed (**broke**) with a terrible sound.
ベッドはひどい音を立てて壊れました。

◇ That's a (**terrible**) idea.
それはひどい考えです。

◆ It wasn't strong (**enough**).
それは十分に強くありませんでした。

◆ Was that a (**bad**) idea?
まずい考えだったかな。

◆ She (**cut**) the legs off the bed.
彼女はベッドの脚を切り落としました。

◇ That man has long (**legs**).
あの男性は脚が長いです。

◆ Wow, it's a (**sleigh**)!
うわー，そりだ。

◆ The sleigh (**started**) and went down the slope.
そりは出発し，斜面を下っていきました。

□□□ **slope** [sloup スロウプ]	名 斜面，坂
□□□ **pick** [pik ピク]	動 (pick up speedで) (車などが)速力を増す
□□□ **speed** [spiːd スピード]	名 スピード
□□□ **fly** 重要 [flai フライ]	動 飛ぶ
□□□ **get on ～**	～に乗る
□□□ **hold on to ～**	～にしがみつく

その他の語句 ・mmm [mmm ンー] (考え込んで)うーん

Think 3

□□□ **end** 重要 [end エンド]	名 終わり，はし
□□□ **back** 重要 [bæk バク]	副 (元の場所に)もどって
□□□ **hill** [hil ヒル]	名 丘
□□□ **fínally** 重要 llに注意 [fáinəli **ファ**イナリ]	副 やっと，ついに
□□□ **reach** [riːtʃ リーチ]	動 着く，到着する
□□□ **steam** [stiːm スティーム]	動 湯気を立てる

◇ The (**slope**) is very dangerous.
その斜面はとても危険です。

◆ It (**picked**) (**up**) (**speed**).
それはスピードを上げました。

◇ The (**speed**) of your car was very fast.
あなたの自動車のスピードはとても速かったです。

◆ We're (**flying**)!
私たちは飛んでいます。

◇ All the girls (**got**) (**on**) the bus.
すべての少女たちがバスに乗りました。

◆ Everyone, (**hold**) (**on**) (**to**) the sleigh.
みんな，そりにしがみついて。

・whee [*h*wiː（ホ）ウィー]（喜び・興奮などを表して）やった，ワーイ

教科書p.120 ~ p.121

◆ The sleigh came to the (**end**) of the slope.
そりは斜面の終わりまで来ました。

◆ Now, let's pull the sleigh and go (**back**)!
さあ，そりをひっぱってもどろう。

◆ Back up the (**hill**)!
丘の上までもどろう。

◆ (**Finally**), they reached Grandma Baba's house.
ついに彼らはばばばあちゃんの家に到着しました。

◇ We (**reached**) here at seven o'clock.
私たちは7時ちょうどにここに到着しました。

◆ Everyone was (**steaming**).
みんな(体から)湯気を立てていました。

□□□	**warm** 重要 [wɔːrm ウォーム]	動 温める，温かくする 形 温かい
□□□	**yoursélf** 重要 [juərsélf ユア**セ**ルフ]	代 あなた自身を[に]
□□□	**yoursélves** [juərsélvz ユア**セ**ルヴズ]	代 あなたがた自身を[に]
□□□	**this way**	このようにして
□□□	**raccóon dog** [rækúːn dɔːg ラ**ク**ーン　ドーグ]	名 タヌキ
□□□	**clóset** [klázit ク**ラ**ジト]	名 押入れ
□□□	**top** [tɑp タプ]　▶on top of ～	名 てっぺん，頂上 ▶～の上に
□□□	**flúffy**　ffに注意 [flʌ́fi フ**ラ**フィ]	形 ふわふわした
□□□	**quilt** [kwilt クウィルト]	名 キルト(2枚の布の間に綿や羽毛などを入れて刺し子にぬった掛け布団)，布団

その他の語句 ・héave hó [híːv hóu **ヒ**ーブ　**ホ**ウ]
（ものを引き上げるときなどのかけ声）

Steps

7 英語でやりとりしよう③

□□□	**éxercise**　ciに注意 [éksərsaiz **エ**クササイズ]	動 運動する
□□□	**test** [test テスト]	名 試験，テスト

◆ You can (**warm**) yourselves this way.
こうして体を温めることができるんだよ。

◇ Know (**yourself**) well.
あなた自身をよく知ってください。

◆ You can warm (**yourselves**) this way.
こうして体を温めることができるんだよ。

◇ I study English (**this**) (**way**).
私はこのようにして英語を勉強します。

◇ John saw a (**raccoon**) (**dog**) on the road.
ジョンは道でタヌキを見ました。

◇ I have a (**closet**) in my room.
私の部屋には押入れがあります。

◇ Yuki's house is (**on**) (**top**) (**of**) the hill.
勇気の家は丘の上にあります。

◇ My dog has (**fluffy**) hair.
私のイヌはふわふわした毛をしています。

◇ I use a (**quilt**) in winter.
私は冬に布団を使います。

・gosh [gɑʃ ガシュ] (驚き・喜びなどを表して)おやまあ

教科書p.124

◆ He is (**exercising**).
彼は運動しています。

◆ *A:* Why is Emi studying? — *B:* Because she has a (**test**).
A: なぜ絵美は勉強しているのですか。 — *B:* 彼女には試験があるからです。

□□□	**this morning**	今朝

Our Project 3 私が選んだ1枚

□□□	**hóbby** [hábi **ハ**ビ]	名 趣味
□□□	**perfórmance** [pərfɔ́ːrməns パ**フォ**ーマンス]	名 演技，パフォーマンス
□□□	floor [flɔːr フロー]	名 床(ゆか)
□□□	**made** 重要 [meid メイド]	動 make(作る)の過去形
□□□	work [wəːrk ワーク]	名 作品
□□□	**pówerful** [páuərfəl **パ**ウアフル]	形 力強い，強力な
□□□	**creátive** [kriéitiv クリ**エ**イティヴ]	形 創造的な
□□□	**shot** [ʃɑt シャト]	名 写真
□□□	**lástly** [lǽstli **ラ**ストリ]	副 最後に

◆ What time did you get up (**this**) (**morning**)?
あなたは今朝，何時に起きましたか。

教科書p.125 ～ p.129

◆ What are your (**hobbies**)?
あなたの趣味は何ですか。

◆ This is the picture of the *shodo* (**performance**).
これは書道パフォーマンスの写真です。

◆ We did the performance on the (**floor**).
私たちは床でパフォーマンスをしました。

◆ We (**made**) one big work together.
私たちはいっしょに１つの大きい作品を作りました。

◇ Your (**work**) was great.
あなたの作品はすばらしかったです。

◆ It's so (**powerful**).
それはとても力強いです。

◆ It's very (**creative**).
それはとても創造的です。

◇ This is my best (**shot**) at the school festival.
これは学園祭での一番よい写真です。

◇ "(**Lastly**), I want to thank my classmates."
「(話を終えるとき)最後に，クラスメートにお礼を言いたいと思います。」

Power-Up 6

絵はがきを書こう

□□□	**póstcard** [póustkɑːrd **ポ**ウストカード]	名 (絵)はがき
□□□	**dear** 重要 [diər ディア]	形 親愛なる(Dear ～で「～さん[様]」)
□□□	**view** [vjuː ヴュー]	名 眺め，景色
□□□	**front** 重要 [frʌnt フラント]	名 おもて面，前
□□□	miss [mis ミス]	動 さびしく思う
□□□	**sincérely** [sinsíərli スィン**スィ**アリ]	副 心から，誠実に
□□□	love [lʌv ラヴ]	名 愛
□□□	**wish** [wiʃ ウィシュ]	名 祝福のことば，願い
□□□	**bye** 重要 [bai バイ]	間 さようなら，じゃあね
□□□	**cheer** [tʃiər チア]	間 (Cheers!で)ごきげんよう。
□□□	now [nau ナウ] ▶for now	名 今，現在 ▶今のところは

その他の語句 ・Blúe Móuntains Nátional Park
[blúː máuntənz nǽʃənl pɑːrk ブ**ル**ー **マ**ウンテンズ **ナ**ショヌル パーク] ブルーマウンテンズ国立公園(オーストラリア)

教科書p.130

◇ This (**postcard**) is beautiful.
このはがきは美しいです。

◆ (**Dear**) Mao.
(手紙の最初で)親愛なる真央様。

◆ Look at the beautiful (**view**) on the front of this card.
このカードのおもて面の美しい景色を見てください。

◇ She is drawing a picture on the (**front**) of the card.
彼女はカードのおもて面に絵を描いています。

◆ I (**miss**) you.
あなたに会えなくてさびしく思います。

◇ (**Sincerely**) yours,
(手紙の最後で)心をこめて,

◇ (**Love**),
(手紙の最後で)愛をこめて,

◇ Best (**wishes**),
(手紙の最後で)幸せを祈って,

◇ He said, “(**Bye**).”
彼は「さようなら。」と言いました。

◇ (**Cheers**),
(手紙の最後で)ごきげんよう,

◇ Bye (**for**) (**now**).
今のところは，さようなら。

・ŃSẂ [én es dʌ́bl̩juː **エ**ン　エス　**ダ**ブリュー]
ニューサウスウェールズ州(＝New South Wales)(オーストラリアの州)

PU ⑥

テスト直前チェック ⑩

PROGRAM 10

☑ grandma	おばあさん
☑ warming	温かい
☑ **idea**	考え，アイディア
☑ **were**	are の過去形
☑ **still**	まだ，今でも
☑ **sleepy**	眠い
☑ **finish**	終える
☑ **program**	プログラム，番組
☑ moving	感動させる
☑ awesome	すごい
☑ theater	劇場，映画館
☑ I'm home.	ただいま。
☑ **sleep**	眠る
☑ **o'clock**	～時(ちょうど)
☑ **call**	電話をかける
☑ comic	マンガ
☑ **surprised**	驚いて
☑ textbook	教科書
☑ surf	(インターネットサイトを)あちこち見て回る
☑ **internet**	インターネット

☑ **came**	come(来る)の過去形
☑ matter	困ったこと
☑ What's the matter?	どうしたのですか。
☑ **young**	若い
☑ freeze	凍る
☑ bedroom	寝室
☑ **say**	言う
☑ trampoline	トランポリン
☑ **follow**	従う
☑ bang	バン[ドン]という音
☑ broke	break(壊れる)の過去形
☑ terrible	恐ろしい，ひどい
☑ **enough**	十分に
☑ **bad**	悪い
☑ **cut**	切る《過去形も同形》
☑ **leg**	脚
☑ sleigh	そり
☑ **start**	出発する，始める
☑ slope	斜面，坂
☑ pick	(pick up speed で)(車などが)速力を増す

☑ speed	スピード
☑ **fly**	飛ぶ
☑ get on ～	～に乗る
☑ hold on to ～	～にしがみつく
☑ **end**	終わり，はし
☑ **back**	(元の場所に)もどって
☑ hill	丘
☑ **finally**	やっと，ついに
☑ reach	着く，到着する
☑ steam	湯気を立てる
☑ **warm**	温める，温かくする，温かい
☑ **yourself**	あなた自身を[に]
☑ yourselves	あなたがた自身を[に]
☑ this way	このようにして
☑ raccoon dog	タヌキ
☑ closet	押入れ
☑ top	てっぺん，頂上
☑ on top of ～	～の上に
☑ fluffy	ふわふわした
☑ quilt	キルト，布団

Steps 7

☑ exercise	運動する
☑ test	試験，テスト
☑ this morning	今朝

Our Project ❸

☑ hobby	趣味
☑ performance	演技，パフォーマンス
☑ floor	床(ゆか)
☑ **made**	make(作る)の過去形
☑ work	作品
☑ powerful	力強い，強力な
☑ creative	創造的な
☑ shot	写真
☑ lastly	最後に

Power-Up ❻

☑ postcard	(絵)はがき
☑ **dear**	親愛なる(Dear ～で「～さん[様]」)
☑ view	眺め，景色
☑ **front**	おもて面，前

☑ miss	さびしく思う
☑ sincerely	心から，誠実に
☑ love	愛
☑ wish	祝福のことば，願い
☑ **bye**	さようなら，じゃあね
☑ cheer	(Cheers! で)ごきげんよう。
☑ now	今，現在
☑ for now	今のところは

手紙〈letter〉

(1) Taro Yamada
(2) 13-1, Mukogaoka 1-chome
Bunkyo-ku, Tokyo
113-0023 Japan

(3) Ms. Gail P. Tompkins

(4) 201E. 50th Street
New York, N.Y. 10022
U.S.A.

BY AIR MAIL

(2) 13-1, Mukogaoka 1-chome
Bunkyo-ku, Tokyo
113-0023 Japan
(5) September 4, 2011

(6) Dear Gail,

(7) Thank you very much for the wonderful birthday present. I enjoyed the book many times. It was very interesting.

You are now in a new class at school, right? Did you have a good summer vacation? I enjoyed my trip to Hokkaido.

Thank you again for the present. Please write to me about your vacation.

(8) Sincerely,

(9) *Taro*

(1) 差出人の氏名	(2) 差出人の住所	(3) 相手の氏名
(4) 相手の住所	(5) 日付	(6) 呼びかけ
(7) 本文	(8) 結びのことば	(9) 署名

場面別会話表現

場面別に使える会話表現とその答え方をまとめました。左のページは「質問文」，右のページは「答え方」です。英文の意味を確認しながら，スラスラと言えるようになるまで，くり返し練習しましょう。

1. あいさつをするとき

1. **How are you?**	（お元気ですか。）
2. **How are you doing?**	（お元気ですか。）
3. **Nice to meet you.**	（はじめまして。）

2. 天気についてたずねるとき

1. **How**'s the weather today?	（今日の天気はどうですか。）
2. **What**'s the weather like today?	（今日の天気はどうですか。）
3. Is **it** sunny today?	（今日は晴れですか。）

3. 名前，出身，年齢，身長についてたずねるとき

1. **What**'s your name?	（あなたの名前は何ですか。）
2. **Can I** ask your name, please?	（あなたのお名前をうかがってもいいですか。）
3. **Where** are you from?	（あなたはどこの出身ですか。）
4. **Where** do you come from?	（あなたはどこの出身ですか。）
5. **What**'s your hometown?	（あなたの故郷はどちらですか。）

答え方

1. (I'm) good [fine], thanks.	((私は)元気です。ありがとうございます。)
2. Fine, thank you.	(元気です。ありがとうございます。)
3. Nice to meet you too.	(こちらこそ, はじめまして。)

答え方

1. It's sunny [cloudy / rainy].	(晴れ[くもり/雨]です。)
2. It's sunny [cloudy / rainy].	(晴れ[くもり/雨]です。)
3. Yes, it is. / No, it isn't.	(はい, そうです。/いいえ, 違います。)

答え方

1. My name is	(私の名前は…です。)
2. Sure. My name is	(もちろんです。私の名前は…です。)
3. I'm from Japan.	(私は日本の出身です。)
4. I come from Tokyo.	(私は東京の出身です。)
5. My hometown is	(私の故郷は…です。)

6. How old are you?	（あなたは何歳ですか。）

4. 住所，電話番号についてたずねるとき

1. Where do you live?	（あなたはどこに住んでいますか。）
2. What's your telephone number?	（あなたの電話番号は何番ですか。）
3. Can I ask your phone number?	（あなたの電話番号をうかがってもいいですか。）
4. Can I ask your address?	（あなたの住所をうかがってもいいですか。）

5. 趣味，好みについてたずねるとき

1. Do you have any hobbies?	（あなたは趣味がありますか。）
2. What's your hobby?	（あなたの趣味は何ですか。）
3. What do you do in your free time?	（あなたはひまな時間に何をしますか。）
4. Do you like *judo*?	（あなたは柔道が好きですか。）
5. What's your favorite food?	（あなたの大好きな食べ物は何ですか。）
6. What color do you like?	（あなたは何色が好きですか。）

6. I'm thirteen **years old.**	（私は13歳です。）

答え方

1. I live in Naka-machi.	（私は中町に住んでいます。）
2. My telephone number is	（私の電話番号は…です。）
3. Sure. It's	（もちろんです。それは…です。）
4. Yes. My address is	（はい。私の住所は…です。）

答え方

1. Yes, I **do**. My hobby is	（はい，あります。私の趣味は…です。）
2. One of my hobbies is .... / I like	（私の趣味の1 つは…です。／私は…が好きです。）
3. I usually	（私はふつう…。）
4. Yes, I **do**. / No, I **don't**.	（はい，好きです。／いいえ，好きではありません。）
5. My favorite food is pizza. / I like	（私の大好きな食べ物はピザです。／私は…が好きです。）
6. I like blue.	（私は青色が好きです。）

6. 時間，時についてたずねるとき

1. **What time is it?**	(何時ですか。)
2. **Can I** ask the time?	(時間をうかがってもいいですか。)
3. **What time** do you get up every day?	(あなたは毎日，何時に起きますか。)
4. **When** do you play baseball?	(あなたがたは[あなたは]いつ野球をしますか。)
5. **Do** you have free time on Monday?	(あなたは月曜日にひまな時間がありますか。)
6. **When** are you free?	(あなたはいつひまですか。)
7. **When** is your birthday?	(あなたの誕生日はいつですか。)

7. 場所についてたずねるとき

1. **Where** do you play baseball?	(あなたがたは[あなたは]どこで野球をしますか。)
2. **Where**'s the school library?	(学校の図書室はどこにありますか。)
3. **How** can I get to the hospital?	(どうやって病院へ行けばいいですか。)
4. **Could you** tell me the way to the library?	(図書館への道を教えていただけますか。)

答え方

1. **It's** ten forty.	(10時40分です。)
2. Sure. It's eight o'clock.	(もちろんです。8時です。)
3. I usually get up at seven.	(私はふつう7 時に起きます。)
4. We [I] play baseball on Sundays.	(私たちは[私は]日曜日に野球をします。)
5. Yes, I **do**. / Sorry, I **don't**.	(はい, あります。／すみませんが, ありません。)
6. I'm free next Thursday.	(私は今度の木曜日がひまです。)
7. My birthday is May 24.	(私の誕生日は5月24日です。)

答え方

1. We [I] play baseball in the park.	(私たちは[私は]公園で野球をします。)
2. It's on the second floor.	(それは2階にあります。)
3. Go straight and you'll see it on your left.	(まっすぐ行けば左側に見えますよ。)
4. Sure. Turn right at the third corner.	(いいですよ。3つ目の角を右に曲がってください。)

変化形の作り方 ①（-(e)s のつけ方）

名詞の場合は 4 種類，動詞の場合は 3 種類の方法があります。

● 名詞の複数形

① ふつうの語：sをつける		
desk→desks	pen→pens	house→houses

② -o, -s, -sh, -ch, -xで終わる語：esをつける		
box→boxes	dish→dishes	tomato→tomatoes

※ -o で終わる語には s をつけるものもあります（例：piano → pianos）

③ ＜子音字＋y＞で終わる語：yをiに変えてesをつける	
city→cities	library→libraries

④ -f, -feで終わる語：f, feをvに変えてesをつける	
leaf→leaves	shelf→shelves

● 動詞（3人称・単数・現在のとき）

① ふつうの語：sをつける		
talk→talks	play→plays	clean→cleans

② -s, -sh, -ch, -oで終わる語：esをつける		
go→goes	wash→washes	catch→catches

③ ＜子音字＋y＞で終わる語：yをiに変えてesをつける		
study→studies	try→tries	fly→flies

変化形の作り方 ②（-(e)d / -ing のつけ方）

① ふつうの語：そのままedやingをつける			
過去形・過去分詞形	look→looked	play→played	want→wanted
-ing形	read→reading	do→doing	clean→cleaning

② -eで終わる語：過去形や過去分詞はそのままdをつけ，-ing形はeをとってingをつける			
過去形・過去分詞形	like→liked	live→lived	use→used
-ing形	write→writing	make→making	take→taking

③ ＜子音字＋y＞で終わる語：yをiに変えてedをつける		
過去形・過去分詞形	study→studied	try→tried

※過去形・過去分詞のみ

④ ＜短母音＋子音字＞で終わる語：過去形や過去分詞は最後の文字を重ねてedをつけ，-ing形は最後の文字を重ねてingをつける		
過去形・過去分詞形	stop→stopped	plan→planned
-ing形	sit→sitting	swim→swimming

短縮形のまとめ

短縮形は会話の中でよく使われます。短縮形と元の形の発音に注意しながら発音してみましょう。

●be動詞の短縮形

I	I am	→	I’m
you	you are	→	you’re
he	he is	→	he’s
she	she is	→	she’s
it	it is	→	it’s
we	we are	→	we’re
they	they are	→	they’re
that	that is	→	that’s
who	who is	→	who’s
what	what is	→	what’s
where	where is	→	where’s
how	how is	→	how’s

●否定形の短縮形

is	is not	→	isn’t
are	are not	→	aren’t
do	do not	→	don’t
does	does not	→	doesn’t
did	did not	→	didn’t
can	cannot	→	can’t

職業〈occupations〉

police officer
警察官

office worker
会社員

fashion designer
ファッションデザイナー

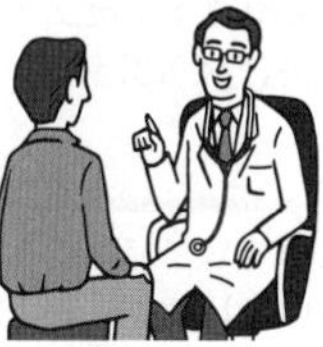

doctor
医者

engineer
技術者

teacher
教師

cook
コック

soccer player
サッカー選手

writer
作家

politician
政治家

musician
ミュージシャン

flight attendant
旅客機の客室乗務員

小学校で学んだ単語

しっかり覚えて使えるようにしましょう。

動作

buy	買う
clean	掃除する
cook	料理する
dance	踊る
do	する，行う
drink	飲む
eat	食べる
enjoy	楽しむ
get	～になる，得る，手に入れる
go	行く
have	持っている，～がある[いる]
join	参加する，加わる
jump	跳ぶ，ジャンプする
leave	出発する
like	(～が)好きである，好む
live	住む，住んでいる
look	見る
make	作る
meet	会う
play	(楽器を)ひく，(運動を)する
practice	練習する
put	置く
read	読む
ride	乗る
run	走る
see	見る，見える
sing	歌う
sit	すわる，すわっている
speak	話す
stand	立つ，立っている
stop	止まる
study	勉強する
swim	泳ぐ
take	(行動を)とる，行う
thank	感謝する
think	考える，思う
try	やってみる
turn	曲がる
visit	訪ねる
walk	歩く
want	ほしい，望む
wash	洗う
watch	見る
ate	**eat**(食べる)の過去形
saw	**see**(見る)の過去形
went	**go**(行く)の過去形

状態・気持ち

beautiful	美しい
best	**good**(よい)の最上級
big	大きい
cold	寒い
cool	かっこいい
delicious	とてもおいしい
exciting	わくわくするような
famous	有名な
fast	速い
favorite	お気に入りの，大好きな
fun	楽しみ，喜び
hard	かたい
high	高い
hot	暑い，からい
interesting	おもしろい
long	長い
many	たくさんの
new	新しい
nice	よい
old	古い
popular	人気のある
salty	塩からい
short	短い
small	小さい
soft	やわらかい

sour	すっぱい
special	特別な
strong	強い
sweet	あまい
wonderful	すばらしい
busy	忙しい
cute	かわいい
fine	元気な
good	よい
great	すばらしい
happy	幸せな
hungry	おなかがすいて
kind	親切な
sad	悲しい
sorry	申し訳ない
tired	疲れて

飲食物

egg	たまご
fish	魚
food	食べ物
fruit	くだもの
curry and rice	カレーライス
French fries	フライドポテト
fried chicken	フライドチキン
grilled fish	焼き魚
hamburger	ハンバーガー
pizza	ピザ
salad	サラダ
sandwich	サンドイッチ
spaghetti	スパゲッティ
steak	ステーキ
apple	リンゴ
banana	バナナ
cherry	サクランボ
grape	ブドウ
lemon	レモン
melon	メロン
orange	オレンジ
peach	モモ
pineapple	パイナップル
watermelon	スイカ
corn	トウモロコシ
potato	ジャガイモ
tomato	トマト
cake	ケーキ
ice cream	アイスクリーム
jam	ジャム
coffee	コーヒー
Japanese tea	日本茶
juice	ジュース
milk	牛乳
mineral water	ミネラルウォーター
soda	ソーダ
soup	スープ
tea	紅茶

数

one	1(の)
two	2(の)
three	3(の)
four	4(の)
five	5(の)
six	6(の)
seven	7(の)
eight	8(の)
nine	9(の)
ten	10(の)
eleven	11(の)
twelve	12(の)
thirteen	13(の)
fourteen	14(の)
fifteen	15(の)
sixteen	16(の)
seventeen	17(の)
eighteen	18(の)
nineteen	19(の)
twenty	20(の)
thirty	30(の)
forty	40(の)

fifty	50(の)
sixty	60(の)
seventy	70(の)
eighty	80(の)
ninety	90(の)
hundred	100(の)
first	1番目(の)
second	2番目(の)
third	3番目(の)
fourth	4番目(の)
fifth	5番目(の)
sixth	6番目(の)
seventh	7番目(の)
eighth	8番目(の)
ninth	9番目(の)
tenth	10番目(の)
eleventh	11番目(の)
twelfth	12番目(の)
thirteenth	13番目(の)
fourteenth	14番目(の)
fifteenth	15番目(の)
sixteenth	16番目(の)
seventeenth	17番目(の)
eighteenth	18番目(の)
nineteenth	19番目(の)
twentieth	20番目(の)
thirtieth	30番目(の)

学校生活

arts and crafts	図画工作
calligraphy	書写，書道
English	英語
home economics	家庭科
Japanese	国語，日本語
math	算数，数学
moral education	道徳
music	音楽
P.E.	体育
science	理科，科学
social studies	社会
gym	体育館
junior high school	中学校
library	図書館
room	部屋
school	学校
class	授業
club	部，クラブ
subject	科目
ink	インク
letter	手紙
notebook	ノート
pen	ペン
pencil	鉛筆
ruler	定規
drama festival	学芸会
entrance ceremony	入学式
field trip	遠足
graduation ceremony	卒業式
music festival	音楽祭
school trip	修学旅行

町・施設・職業

amusement park	遊園地
bookstore	書店
convenience store	コンビニエンスストア
department store	デパート
fire station	消防署
flower shop	花屋
gas station	ガソリンスタンド
hospital	病院
house	家
menu	メニュー
park	公園
police station	警察署
post office	郵便局
restaurant	レストラン
shrine	神社
station	駅
street	街路，通り
supermarket	スーパー(マーケット)

temple	寺
town	町
zoo	動物園
bus	バス
jet	ジェット(機)
artist	芸術家
astronaut	宇宙飛行士
baker	パン屋(人)
bus driver	バスの運転手
comedian	お笑い芸人
cook	コック，料理人
dentist	歯医者
doctor	医師，博士
farmer	農業従事者
flight attendant	客室乗務員
florist	花屋(人)
hero	英雄
nurse	看護師
pilot	パイロット
police officer	警察官
queen	女王
singer	歌手
teacher	先生
vet	獣医

■日常生活

bath	ふろ
bed	ベッド
book	本
box	箱
chair	いす
computer	コンピュータ
cup	カップ
desk	机，デスク
dish	皿
home	家
homework	宿題
newspaper	新聞
table	テーブル
TV	テレビ
bag	かばん
cap	(ふちのない)ぼうし
glove	グローブ
hat	(ふちのある)ぼうし
umbrella	かさ
watch	腕時計
piano	ピアノ
recorder	リコーダー
breakfast	朝食
lunch	昼食

■スポーツ

badminton	バドミントン
baseball	野球
basketball	バスケットボール
cycling	サイクリング
rugby	ラグビー
soccer	サッカー
surfing	サーフィン
swimming	水泳
table tennis	卓球
tennis	テニス
track and field	陸上競技
volleyball	バレーボール
wrestling	レスリング
bat	バット
sport	スポーツ
team	部，チーム

■色・形

color	色
black	黒色
blue	青色
brown	茶色
green	緑色
orange	オレンジ色
purple	むらさき色
red	赤色
white	白色
yellow	黄色

star	星
triangle	三角(形)

季節・月・曜日・時間

spring	春
summer	夏
autumn	秋
fall	秋
winter	冬
January	1月
February	2月
March	3月
April	4月
May	5月
June	6月
July	7月
August	8月
September	9月
October	10月
November	11月
December	12月
Sunday	日曜日
Monday	月曜日
Tuesday	火曜日
Wednesday	水曜日
Thursday	木曜日
Friday	金曜日
Saturday	土曜日
time	時刻，時間
day	日
year	年
morning	朝，午前
afternoon	午後

国

Australia	オーストラリア
Brazil	ブラジル
Canada	カナダ
China	中国
Egypt	エジプト
France	フランス
Germany	ドイツ
India	インド
Italy	イタリア
Japan	日本
Korea	韓国・朝鮮
Peru	ペルー
Russia	ロシア
Spain	スペイン
Thailand	タイ
the U.K.	イギリス
the U.S.A.	アメリカ合衆国

動植物

animal	動物
bear	クマ
cat	ネコ
cow	ウシ
dog	イヌ
horse	ウマ
monkey	サル
panda	パンダ
pig	ブタ
rabbit	ウサギ
sheep	ヒツジ
snake	ヘビ
tiger	トラ
dragon	龍
flower	花
tree	木

自然・天気

beach	浜辺
lake	湖
mountain	山
river	川
sea	海
sun	太陽
cloudy	くもりの
rainy	雨の

snowy	雪の
sunny	晴れの
nature	自然
weather	天気，天候

祝祭日・趣味・遊び

snow festival	雪祭り
star festival	七夕祭り
camping	キャンプ
firework	花火
fishing	魚つり
hiking	ハイキング
shopping	買い物
festival	祭り
vacation	休暇
ball	ボール
card	カード
game	ゲーム
jump rope	なわとび

人と身体

I	私は
my	私の
me	私を
you	あなたは[を]
your	あなたの
we	私たちは
our	私たちの
us	私たちを
he	彼は
she	彼女は
boy	少年
girl	少女
father	おとうさん，父
mother	おかあさん，母
brother	兄，弟
sister	姉，妹
friend	友だち
grandfather	おじいさん，祖父
grandmother	おばあさん，祖母
ear	耳
eye	目
face	顔
hand	手
head	頭
mouth	口
nose	鼻

その他

birthday	誕生日
dream	夢
future	未来，将来
hint	ヒント
memory	思い出
name	名前
place	場所
treasure	宝物
world	世界
news	知らせ，情報
left	左へ，左に
right	右へ，右に
straight	まっすぐに
a	1つの，1人の
the	その
be	～である(**am**, **is**, **are**の原形)
am	(私は)～です
are	～です
is	～です
was	～でした(**am**, **is**の過去形)
it	それは
that	それ(は)
this	これ(は)
can	～できる
can't	＝**cannot**
don't	＝**do not**
would	～でしょう
about	～について
around	～のあたりに[で]
at	～を，～の点で
by	～のそばに[で]

for	～のために[の]
from	～から
in	～(の中)に[で]
on	～(の上)で[に，の]
to	～して，～に
under	～の下に
again	もう一度
always	いつも
away	あちらへ，離れて
down	下へ[に]
here	ここで[へ，に]
much	たくさん
never	決して~しない,一度も~したことがない
not	～でない
off	～から離れて
so	それで
sometimes	ときどき
up	上へ[に]
usually	ふつう，たいてい
very	たいへん
well	じょうずに
how	どのくらいの～
what	何を[に]
when	いつ
where	どこへ[に]
who	だれ(が)
why	なぜ
because	なぜなら～だから
but	しかし
goodbye	さようなら
hello	こんにちは
hi	やあ，こんにちは
yes	(問いに対して)はい(そうです)
no	(問いに対して)いいえ(違います)
let's	～しよう
please	どうぞ，どうか
welcome	ようこそ

さくいん

復習のときや辞書代わりに使ってください。
太字は特に重要な単語を示します。

H

I

J

P

Q

R

T

U

V